U0038489

世界哲學家叢書

程顥・程頤

李日章 —— 著

傅偉勳、韋政通 —— 主編

東大圖書公司

《世界哲學家叢書》總序

　　本叢書的出版計畫原先出於三民書局董事長劉振強先生多年來的構想，曾先向政通提出，並希望我們兩人共同負責主編工作。一九八四年二月底，偉勳應邀訪問香港中文大學哲學系，三月中旬順道來臺，即與政通拜訪劉先生，在三民書局二樓辦公室商談有關叢書出版的初步計畫。我們十分贊同劉先生的構想，認為此套叢書（預計百冊以上）如能順利完成，當是學術文化出版事業的一大創舉與突破，也就當場答應劉先生的誠懇邀請，共同擔任叢書主編。兩人私下也為叢書的計畫討論多次，擬定了「撰稿細則」，以求各書可循的統一規格，尤其在內容上特別要求各書必須包括(1)原哲學思想家的生平；(2)時代背景與社會環境；(3)思想傳承與改造；(4)思想特徵及其獨創性；(5)歷史地位；(6)對後世的影響（包括歷代對他的評價），以及(7)思想的現代意義。

　　作為叢書主編，我們都了解到，以目前極有限的財源、人力與時間，要去完成多達三、四百冊的大規模而齊全的叢書，根本是不可能的事。光就人力一點來說，少數教授學者由於個人的某些困難（如筆債太多之類），不克參加；因此我們曾對較有餘力的簽約作者，暗示過繼續邀請他們多撰一兩本書的可能性。遺憾的是，此刻在政治上整個中國仍然處於「一分為二」的艱苦狀態，加上馬列教

條的種種限制，我們不可能邀請大陸學者參與撰寫工作。不過到目前為止，我們已經獲得八十位以上海內外的學者精英全力支持，包括臺灣、香港、新加坡、澳洲、美國、西德與加拿大七個地區；難得的是，更包括了日本與大韓民國好多位名流學者加入叢書作者的陣容，增加不少叢書的國際光彩。韓國的國際退溪學會也在定期月刊《退溪學界消息》鄭重推薦叢書兩次，我們藉此機會表示謝意。

原則上，本叢書應該包括古今中外所有著名的哲學思想家，但是除了財源問題之外也有人才不足的實際困難。就西方哲學來說，一大半作者的專長與興趣都集中在現代哲學部門，反映著我們在近代哲學的專門人才不太充足。再就東方哲學而言，印度哲學部門很難找到適當的專家與作者；至於貫穿整個亞洲思想文化的佛教部門，在中、韓兩國的佛教思想家方面雖有十位左右的作者參加，日本佛教與印度佛教方面卻仍近乎空白。人才與作者最多的是在儒家思想家這個部門，包括中、韓、日三國的儒學發展在內，最能令人滿意。總之，我們尋找叢書作者所遭遇到的這些困難，對於我們有一學術研究的重要啟示（或不如說是警號）：我們在印度思想、日本佛教以及西方哲學方面至今仍無高度的研究成果，我們必須早日設法彌補這些方面的人才缺失，以便提高我們的學術水平。相比之下，鄰邦日本一百多年來已造就了東西方哲學幾乎每一部門的專家學者，足資借鏡，有待我們迎頭趕上。

以儒、道、佛三家為主的中國哲學，可以說是傳統中國思想與文化的本有根基，有待我們經過一番批判的繼承與創造的發展，重新提高它在世界哲學應有的地位。為了解決此一時代課題，我們實有必要重新比較中國哲學與（包括西方與日、韓、印等東方國家在內的）外國哲學的優劣長短，從中設法開闢一條合乎未來中國所需

求的哲學理路。我們衷心盼望,本叢書將有助於讀者對此時代課題的深切關注與反思,且有助於中外哲學之間更進一步的交流與會通。

最後,我們應該強調,中國目前雖仍處於「一分為二」的政治局面,但是海峽兩岸的每一知識分子都應具有「文化中國」的共識共認,為了祖國傳統思想與文化的繼往開來承擔一份責任,這也是我們主編《世界哲學家叢書》的一大旨趣。

傅偉勳　韋政通
一九八六年五月四日

再版序

　　接到三民書局來函，告知拙作《程顥‧程頤》準備再版，並請我寫一短篇再版序文。這令我頗覺意外，並生起一番感慨。

　　意外之一，是一本出版了三、四十年且屬偏僻冷門的書，竟然被認為還有再版的價值！意外之二，是我的許多朋友、同學都早已亡故，編輯先生怎麼知道我還健在且居住在什麼地方？！

　　感慨的是，該書出版於個人生命一大低潮之時，現擬再版，也正值我風燭殘年、苦難加身之際。這讓我憶起諸般往事，又思及當前處境，不禁百感交集，唏噓不已。

　　《程顥‧程頤》一書源自 1973 年前我在臺大哲學系講述「二程思想」的一門課。1973 年發生臺大哲學系事件，我被迫離職，但在世新仍有兼任的課。其後，在風潮鼓動之下，我也加入了政治革新運動的行列，持續在不同的黨外雜誌發表政論，並出任《夏潮》雜誌的發行人，經歷了震撼人心的中壢事件與高雄事件。高雄事件發生後的一年，全面掃蕩黨外殘餘勢力時，我在世新兼任的課也被禁止了。從此我無所歸屬，六年之間專以譯書為業，且有一個自稱調查局人員的人定期造訪。本書即是在此期間應「世界哲學家叢書」主編韋政通先生之請擴充上述「二程思想」一課之講義撰寫而成，並於 1986 年出版。

　　同年年底，我應康寧祥先生之邀，為其競選站臺，然後隨他進入國會，當了三年助理。解嚴之後，又幫他創辦了《首都早報》。不久，報社倒閉，我經過一番抗爭，終於在間隔十八年之後得以重返校園，在靜宜大學任教七年。期間臺大哲學系事件獲得平反，當年被迫離職者可以申請復職。我在最後期限之前提出申請，獲准返回原來教學崗位，並重開宋明理學的課。但在這一去一返之間，時光已流逝了四分之一世紀，我的職業生涯也因而一分為二，一半在校園內，一半在校園外。

　　如今我已從臺大退休十八年，人日益衰老，卻還要照顧巴金森病情逐漸加重且智能不斷退化的老伴，以致心力交瘁，生趣蕩然，陷入生命的另一個，且較前一個更為難堪的低潮。撫今追昔，能不感嘆！

　　回顧這一生，一路走來，但見波浪起伏，峰迴路轉，頗有人生無常，運命難測之感。但書的內容，卻可以在數十年之間，乃至數百年之間，永保舊觀，絲毫不變。如今重讀本書若干章節，仍覺甚有其可取之處，將來人死了之後，它可以繼續存在。難怪古人會把立言列為三不朽之一！感謝書局願意為其再版、三版。

李　日　章

2022 年 4 月

自　序

在若干年前，筆者曾有機會在哲學系講授中國哲學史與宋明理學，發現現在的學生仍然對中國傳統的學術抱有相當的好奇心，只是被它艱澀的文字和醜怪的外貌弄得倒了胃口。當時便深深覺得：除去上述文字上的障礙，而把隱藏在它醜怪外貌下的真實智慧揭示出來，乃是這一代講授中國哲學者無可逃避的責任。不久因故離開了教書崗位，便本著這個宗旨，把數年間講習的心得撰成《中國哲學現代觀》一書，交由三信出版社出版。而在此之前，為了教學的方便，原已陸陸續續寫成了一系列有關宋明理學的論文，這時，也便趁機予以結集出版，題為《宋明理學研究》。以上這些文字，都是在前述自覺下撰寫出來的東西。

這次承蒙韋政通先生厚愛，有機會為三民書局撰寫「世界哲學家叢書」中的《程顥・程頤》一書，筆者在從事這件工作時，仍然本著歷來一貫的宗旨，希望在本書中能夠做到以下幾點：

1. 以現代人熟悉的觀念來陳述二程的思想內容。
2. 以現代哲學與人文學科的知識來闡述二程所要解決的問題，以及它對我們的意義。
3. 為「理學」在現代學術文化中定位。
4. 以批判的眼光檢討二程思想之得失。

5.指出這思想對現代世界的價值。

　　書中論述二程「本體論」、「心性論」與「修養論」的三章，是修訂與擴大上述《宋明理學研究》有關的三篇文章而成，文字上雖有若干雷同之處，但細心的讀者一定可以看出內容已經有了很重大的更動。其他各章，則都是第一次與大家見面，但願多少有助於對二程之生平與思想的了解。

　　離開學院已有多年，為了生活已經許久沒有時間與心情從事學術研究，本來是沒有資格來參與這件工作的。好在這並不是一本嚴格的學術著作，因此儘管心裏有愧，還是厚著臉皮把它寫了出來。至於以後將會遭到怎樣的批評與責難，只好暫時不去管它了。

李　日　章

民國 75 年 7 月於臺北寓所

程顥・程頤

目次

序　論

一、「理學」是什麼？

　　我們要研討二程之學，首先就應該了解它究竟是一門怎麼樣的學問。二程之學，是理學之一支。那麼，理學是怎麼樣的一門學問呢？我們說，理學主要是一門「成德之學」。所謂「成德之學」，就是以成就人之德行為目的的一門學問。這門學問，固然是道德哲學，但並不止是道德哲學，因為它還包括形上學在內。這門學問，固然講求學理，卻不僅講求學理，因為它還講求實踐。總之，它是一個很巧妙的混合，也是一個很完備的混合。這種學問，帶有很強烈的中國特徵，可以說是中國所特有的。它裏面，學問與道德一貫，知與行合一。

　　這門學問，如果拿來跟西方現代學術做個比較，它的特點就可以更清楚地顯現出來。依西方現代學術的分類，不但學 (science) 與術 (art) 是分開的，知識與實踐更是分開的。但在理學中，不但含有形上學、道德哲學等等理論學說（學），而且含有修養方法（術）；理學家不但把形上學、道德哲學等當作知識而傳授給學生，而且對學生施以道德訓練，指導他們實地從事誠意、正心、遷善、改過等道德修養。所以理學家所辦的書院或講堂，並不僅是有如現代的學院，更是有如現在的訓練場：它兼以上兩者於一身。

　　這還就它是一門「成德之學」而說的。而事實上，它猶不止是一門「成德之學」。它除了是一門「成德之學」之外，又兼為「治國之學」。因而，它除了包含上述的道德哲學、修養方法等等學術之

外,且含有社會哲學、政治哲學、法律哲學、乃至統治方術、婚喪禮制等等。所以這門學問又是很龐雜的。

「成德之學」,雖然建立於孔子之手,但「成德之學」在先秦的儒學中,還只是居於從屬地位,而且尚未臻於成熟。先秦儒學(或稱原始儒學)之主體,乃是「外王之學」。「成德之學」屬於「內聖之學」;在先秦,它是「外王之學」的附庸。蓋先秦儒門之教育,基本上乃是一套政治人才的養成教育,以訓練治國之才為其要務。這可以從孔門弟子之分科(德行、政事、文學、語言)看得出來,也可以從鄒魯搢紳先生之「儒術」內容(詩、書、禮、樂)看得出來,更可以從孔門弟子之前來「學干祿」一事看得出來。

就儒術之內容——詩、書、禮、樂——來說。禮,固然是各種禮節、儀式,更是一套以「封建制度」、「井田制度」、「宗法制度」為基礎的行為規範。樂,也不是單純供人欣賞的一種藝術品,它勿寧更是一項促進社會和諧的工具。所謂「禮以別異,樂以和同」,禮的功能,在區別人與人之間的尊卑、親疏,以「定上下之分」;樂的功能,則在使同一團體中身分與地位各異的人行為協調配合,以臻於和諧的境地。所以禮與樂自有其重大的社會與政治功能。書,是政治的文獻。其與政治的關係,是勿庸贅言的。詩,「可以興,可以觀,可以群,可以怨;邇之事父,遠之事君;多識於鳥獸草木之名。」❶雖然也有「多識於鳥獸草木之名」的功能,但最根本的作用,仍在於增進「事父」、「事君」之能力。所以說「誦詩三百,授之以政,不達,使於四方,不能專對,雖多,亦奚以為?」❷由此可見,學詩仍然是為了從政。「文學」、「語言」的情形,也是一樣。

❶　《論語・陽貨》。
❷　《論語・子路》。

所以儒家的學術乃是問政的學術。

　　這原是很自然的，因為在孔子以前，中國社會，乃是一個「貴族專政」的社會，也只有貴族才能受教育——當時甚至只有「官學」，而無「私學」。在這麼一個情況之下，教育之內容，自是專為貴族而設計的。而貴族是不事生產的；治理國家，便是他們的工作。因此，教育理所當然地以培養政治人才為唯一要務。春秋以後，雖然「文化下移」，開始有「私學」出現於民間，庶民逐漸有受教育之機會。但「私學」的內容和目的，仍然與「官學」沒有兩樣，還是限於培養政治人才。不要說在先秦時代情形是如此，就是到了滿清末年，情形也差不了多少。我們現在在中國所看到的普及教育（國民教育）與職業專科教育，都是在民國成立前夕，飽經西潮沖激之後，才從西方勉強移植過來的❸。

　　那麼，「成德之學」為什麼能在儒學中佔有一席之地呢？這也跟周代的傳統有關。周朝自建國以來，便有一個重視道德的傳統。因此，產生了諸如「皇天無親，惟德是輔」（偉大的天，沒有私愛之心，只要是有道德的人，都加以襄助）、「天命有德」（天命令有道德的人去統治）、「天命靡常」（天命沒有一定）等信念，認為道德乃是統治者必備的一個條件；統治者一旦失德，便會失去他的政權。這種思想，深入周人的內心，周初文告，幾乎沒有一篇不提到「敬」字，便是最好的一個證明。這所謂的「敬」，並不是對神的虔敬，也不是表現在某一特殊活動中的「敬」，而是在一般行為中，在從事一般事務時所表現的「敬」。徐復觀先生在其名著《中國人性論史》中說：「敬」是「精神斂抑、集中，及對事的謹慎、認真的心理狀態」，

---

❸　參看蘇雲峯著《張之洞與湖北教育改革》（南港中央研究院近史所民國六十五年出版）。

是「人在時時反省自己的行為、規整自己的行為的心理狀態」。可見「敬」這種態度，已經是很明顯的一種道德行為，因為它具備了道德行為所必備的基本要素——自我省察，自我約束，以求提昇自己的人格❹。

周人的思想既然如此，則以復興「周文」（周代文化）為己任的孔子也同樣強調道德的重要，就不足為奇了！而事實上，孔子並不止是跟著周人強調道德的重要而已，他更把修德之事變成了一門學問。這自與他對「仁」的體認與闡發大有關係。依徐復觀先生，孔子是中國歷史上第一個真切體會到「仁」的精神境界而把它明白描述出來，並把它懸為教育目標，且提出達到這個目標的有效方法的人❺。「仁」，是孔子用以總括一切德性的概念，它代表的乃是人類道德之全體。惟有對這道德之全體有過深切體認而把它用明確的概念陳述出來，並把它懸為教育之目標，且提出達成此目標的有效方法，才能算是建立了「成德之學」這門學問。孔子即是在中國建立這門學問的一個人。即此一點，他已可以不朽。

但孔子的「成德之學」並不是離開前述「外王之學」而獨立的一門學問。反之，它乃是「外王之學」的一個有機部分，它與後者是骨肉相連的。這是因為：第一，孔子以「仁」作為禮之根據；第二，孔子主張「德治」：統治者應該是一位「仁君」，他所推行的應該是「仁政」。職是之故，他的「成德之學」與「外王之學」乃水乳交融，合為一體。不過，重心是在「外王之學」；「外王之學」是主，「成德之學」是從。

---

❹ 見徐復觀著《中國人性論史（先秦篇）》（商務）第二章〈周初宗教中人文精神的躍動〉。

❺ 見同❹第四章〈孔子在中國文化史上之地位〉。

孔子以「仁」作為禮之根據，這句話怎麼說呢？

要了解這點，還得多了解一下禮。上面說過，禮，不僅是指儀節，還指生活在「封建制度」、「井田制度」、「宗法制度」的人們之行為規範。它規定天子、各級爵主、以及卿、大夫等人各自可以享用怎樣的宮室、車乘、服飾與器物、食品，規定他們各自可以有怎樣的婚喪喜慶的儀式與排場，規定他們之間有什麼權利與義務……等等。但「禮不下庶民，刑不上大夫」，禮，是只適用於統治者集團（貴族）的一套規範，被統治者是不適用的。當時用以約束被統治者的，是另一套東西──刑。而當時的統治者集團，乃是以血緣為繫帶的一種社群，即所謂的氏族。氏族中的人，都是有血緣關係的親屬。因此，貫穿於「禮」的，有兩大原則，第一是「尊尊」，第二是「親親」。「尊尊」，是尊崇氏族中的尊者。「親親」，是親愛氏族中的親人（氏族中的成員，原都是親人）。「禮」中的一切規定，便是在這兩大原則之下所設立的。譬如在成員之間分出地位的高低，許以他們大小不同的權力與高低不等的生活享受，規定尊卑之間的不對等的權利、義務等，都是為了貫澈「尊尊」的原則。至於規定大家必須分享權力、共有財產，規定大家要祭祀共同的祖先、要定期聚會、要互相服喪，規定大家要講信修睦、行義守敬、乃至「君令、臣共、父慈、子孝、兄愛、弟敬、夫和、妻柔、姑慈、婦聽」，則顯然是為了貫澈「親親」的原則。「尊尊」，是為了便於統轄；「親親」，是為了保持團結。這兩者都是氏族之生存和發展所必需的。

但這兩大原則是後人在研究周禮之後所歸納出來的，周人在建立這套規範時，未必清楚地意識到它們；即使意識到了，也沒有把它們明說出來。這種「知其然而不知其所以然」的情況，在這套規範還通行無礙時，尚不致構成問題，但在它受人懷疑，或遭到破壞

時，如果有人想起而為它辯護，或設法加以維護，他就不得不把它的緣由說出來了。孔子既然是在「禮崩樂壞」的情況下，企圖再把禮樂振興起來，他便只好對它的緣由進行一番認真的追究。結果他發現它的根據乃是「仁」。

何以見得孔子認為「仁」是禮之根據呢？這點，從《論語‧陽貨篇》中宰我與孔子討論喪期的那則記載，可以看得最為清楚。宰我對孔子說他認為為父母守喪一年便已足夠，不宜守三年之久。孔子問他，居喪吃好的米飯，穿好的錦帛，能心安嗎？宰我說能。孔子於是對他說：「你能心安，那你就這麼吃、這麼穿吧！一般的君子守喪，吃好的東西也不覺得甘美，聽音樂也不覺得快樂，日常起居心裏也覺得不安，所以不願這麼做。現在你覺得心安，那你就照你的做吧！」但宰我出去之後，孔子卻在背後批評他說：「宰我真是個不仁的人啊！兒女生下來三年之後，才離開父母的懷抱。那三年的喪禮，是天下通行的喪禮。宰我啊！你有沒有三年的愛心來追思死去的父母呢！」

根據這段話，則我們之所以為父母守三年的喪：在三年之內，不吃好的東西，不穿好的衣服，不聽音樂，乃是因為死了父母，內心哀傷，即使吃了好東西，也不覺得甘美，聽音樂，也不覺得快樂。而我們之所以會哀傷，則是因為我們愛父母。愛父母，就是「仁」；不愛父母，就是「不仁」。所以歸根結底，三年之喪的「禮」，乃是「仁」之表現；「仁」，乃是它的根據。不但喪禮是如此，其他一切的禮，也莫不皆然。因此，孔子說：「人而不仁，如禮何？人而不仁，如樂何？」❻

但前面說過，根據後人的研究，周人制禮作樂所根據的原則，

❻　《論語‧八佾》。

實際上是「親親」與「尊尊」。孔子卻說禮的根據是「仁」。這兩種見解之間，是有相當的一段距離的。孔子以「仁」為禮的根據，是把禮美化了、理想化了。因為「仁」乃是比「親親」、「尊尊」更崇高的一種精神境界。

　　蓋「禮」原只是適用於統治者氏族內的規範。「禮」的「尊尊」，所尊的只限於氏族內之尊者。「禮」的「親親」，所親的，也只限於氏族內之親人。而「仁」，依孔子的解釋，所愛的對象，已擴及氏族以外的一切人類，所以他說「夫仁者，己欲立而立人，己欲達而達人」。❼又說要做到「仁」，應該「己所不欲，勿施於人」❽。又常教人要「汎愛眾」、要「愛人」。（按：在古代，「眾」、「人」，常是指被統治者〔人民〕而言。）程明道說：「仁者渾然與物同體」，又說：「仁者以天地萬物為一體」。依此，「仁」應該就是一種精神狀態或心靈境界，在此狀態或境界的人，覺得自己與萬物之間已經沒有什麼隔閡存在，因此，他很自然地會把人家看得像自己，把人家的痛苦看得像自己的痛苦，把人家的需要看得像自己的需要，因而彼此感應溝通，合為一體。這自是非常崇高的精神境界。這個境界，乃是人類精神突破親族集團的限制而把更廣泛的對象兜收在其關愛之範圍的表現。是人類心靈向親族之外的同類乃至別的物類開放的象徵。有了這個，比氏族更廣大的社會才得以成立，一般人類乃至物類之和諧相處才得以實現。這自是人類心路歷程之劃時代的里程碑，也是當時中國朝向超氏族社會而發展的情勢之反映。

　　孔子認定「仁」是禮樂之根據，自然是把禮樂美化了、理想化了！

---

❼　《論語‧雍也》。

❽　《論語‧顏淵》。

由於這番美化與理想化，「成德之學」乃成為禮、樂之必要條件，因為要成就「仁」，非有「成德之學」不可。

至於孔子主張「德治」，則可以見諸以下的話：

> 為政以德。譬如北辰，居其所，而眾星共之。❾
> 道之以政，齊之以刑，民免而無恥；道之以德，齊之以禮，有恥且格。❿
> 政者，正也。子帥以正，孰敢不正？⓫

根據以上陳述，可以歸納出「德治」的要點如下：

1. 統治者應具有高尚的品德。

2. 以「道德」和「禮樂」而不以「法令」和「刑罰」來統治人民。

3. 對人民施行「教化」──教化的內容，則不外道德與禮樂。

這三點，也都跟「成德之學」有關。

由以上所說，可以看出：孔子確是以「成德之學」作為「外王之學」的基礎。不過，正如上文所說的，孔門教育，仍是以培養政治人才為主要目標，「成德之學」乃是為了這個目標而設的。在孔門，「外王之學」是主，「成德之學」是從。

上文說過，不但孔門的教育是以培養政治人才為目的，到滿清末年為止，中國的教育，一向也都是以培養政治人才為目的；在傳統的教育中，「成德之學」一直都附屬於「外王之學」。那麼，在理

---

❾　《論語‧為政》。

❿　同❾。

⓫　《論語‧顏淵》。

學中，為何主從的地位會顛倒過來呢？這情形，是否跟上面所說「傳統的教育中，成德之學都依附於外王之學」這句話相牴觸呢？

　　先回答後面這個問題。「傳統的教育中，成德之學都依附於外王之學」這句話，是就整個教育而說的。就這點而言，宋朝與明朝的情形，跟其他朝代並無不同，宋明兩朝，無論是中央的太學，或地方的縣學，乃至民間的私塾，教育之內容，莫不都是針對出任朝廷官吏之所需而設。「理學」乃是在正統教育體系之外獨立存在的一門學問。其成立，是以滿足另一種特殊的需要為目的的。正是為滿足這個特殊需要，「理學」中的「成德之學」與「外王之學」主從地位才會完全顛倒過來。但「理學」並不代表整個的教育，所以在「理學」中上述兩種學問主從地位完全顛倒的情況，與「傳統教育中，成德之學都依附於外王之學」這句話並不牴觸。

　　至於這兩種學問之地位為什麼會顛倒過來，則必須從「理學」所要滿足的特殊需要說起。這個特殊需要是什麼呢？這個需要，就是馮友蘭所說的「與宇宙（天地萬物）相溝通」的需要❷。關於這個需要，下一節還會有詳細的說明。在這裏，只想指出一點，那就是這個需要必須從道德活動與宗教活動中求取滿足。正因為這樣，所以「成德之學」乃成為「理學」之重心所在。還有一點必須指出的就是，在儒家，從孟子以後，宗教活動已被涵攝於道德活動中。也可以說，孟子以後，儒家的道德意識裏面，實含有濃厚宗教意識的成分。所以「成德之學」，也就不止是單純有關道德的一門學問了。這也是中國文化的一個特色所在──西方文化與印度文化剛好相反，它們是攝道德於宗教。

　　在周代以前，中國人也跟其他原始民族一樣，以宗教為其生活

────────────

❷　見馮著《中國思想史》。

之中心。宗教講究的是對神的皈依。所謂皈依，就是人把自己整個託付給神，一切聽憑神的安排。在這麼一種狀況之下，人以神的意志為意志，以神的好惡為好惡，依神的指引而行動；只見有神，不見有我，可以達到完全忘我的境地。尤其是原始人，他們的自我意識本來就很模糊，理性的力量也尚未發展，在神的面前更容易整個失落了自己。在西周以前，中國人的情況大概也是如此。

但是到了周初，周人開始比較清楚地意識到自己的存在。他們發現：人的吉凶禍福與自己的行為有密切的關係；人可以左右自己的前途，影響自己的命運。因此，一方面滋生了對自己的信心，一方面也自覺到自己的責任。前述的「敬」的觀念，便是在這麼一個情況之下，水到渠成地產生出來。前面已經談過「敬」這個態度。由前面的描述，可以看出：「敬」，正是人在意識到自己的禍福繫於自己的所作所為、自己應該為自己的禍福負責時的表現。如果他不是有這個認識，他怎麼會那麼重視自己的行為，怎麼會對自己所做的事那麼小心謹慎呢？

從一心一意事奉神，到開始注意自己的所作所為，自是一大轉變。這個轉變，到了孟子益發明顯。孟子說：

> 存其心，養其性，所以事天也。夭壽不貳，修身以俟之，所以立命也。⓭

這就是說，保存自己的本心，培養自己的天性，就是服侍天帝的正道；不管生命的長短（夭或壽），只知修養自己的人格，以待天命的安排，便是奉行天命的正道。

⓭　《孟子・盡心下》。

這乃是把事奉天命的方法，由禮拜、奉獻、讚頌神、與無條件服從神，轉變成存心、養性、修身。這個作法，不啻完全以道德生活涵攝了宗教生活。從此，在儒者的生活中，宗教活動已完全溶入道德活動裏面，道德活動當中自已含有宗教活動。

上面這件事情之所以可能，是因為孟子這一系的思想家，相信人的心性是由天帝（神明）所賦予的（「天命之謂性」）❶，相信天之道與人之道一致（「誠者，天之道；誠之者，人之道。」❶），相信人之道出於人之心性（「率性之謂道」❶）。既然人之心性乃是天帝所賦予的，人之道出於人性，而且人道等於天道，則能把天帝所賦予的人之心性好好珍惜，好好發展，而且依它的指示而行動，也就是對天帝的最大敬重與最完全的依從了！！

以道德涵攝宗教，恐怕是中華文化以外的任何文化所無的現象。所以這乃是中華文化之一大特色，值得我們大書特書。

二、「理學」的基本問題

「理學」的基本問題，正如馮友蘭在其《中國思想史》中所說的，乃是「如何與天地萬物溝通」這問題。要了解「理學」，必須透過對這個基本問題的了解。

所謂「與天地萬物溝通」，換成另外一個說法，便是「與宇宙合一」，也可以說「與天地萬物協調和諧」。何以見得「理學」的基本問題就是「與萬物溝通」或「與宇宙合一」這問題呢？我們不妨舉

❶　《中庸》第一章。

❶　《中庸》第二十章。

❶　同❶。

一個例證來看看。

　　陸象山說：「學者所以為學，學為人而已，非有為也。」❶❼這是說：學問的目的，在他看來，只是在學習做一個人，而不是為別的。而這裏所謂的學問，指的正是「理學」。「理學」的目的，乃在學做人。這個人，當然不是隨隨便便的一個人——這種人，誰都做得，何待乎學？他要大家學著去做的，乃是一種理想的人，也就是他所謂的「大人」。他說：「大世界不享，卻要占個小蹊小徑子；大人不做，卻要為小兒態。可惜！」❶❽那麼所謂的「大人」是怎麼樣的一個人呢？他借《易經》上的一段話來說明：

　　　　大人者，與天地合其德，與日月合其明，與四時合其序，與
　　　　鬼神合其吉凶。❶❾

　　這種人，正是做到了與宇宙合一的人，也就是成功地與天地萬物相溝通了的人。

　　「理學」所要解決的這個基本問題，的確是一個十分重大的問題。它所包含的意義，在我們透過現代的心理學與哲學去看它的時候，尤其顯得豐富而深刻。

　　大家所熟悉的心理學家佛洛姆 (Erich Fromm) 告訴我們：人企求達成與大自然（即天地萬物）的溝通與和諧，乃是人類有數的幾個基本願望之一。依照他的說法，人在還沒有獲得「自覺」（或「自我意識」，self-consciousness）的能力以前，原是與大自然合而為一

---

❶❼　《陸象山全集》，卷三十五，〈語錄〉，總頁數第三〇八（世界書局）。

❶❽　同❶❼，總頁數第二九二。

❶❾　同❶❽。

的，因為那時他還沒有意識到自己與別的人、別的事物之區別，在他的心目中，他與整個大自然根本就是渾然一體的；不知有我，也不知有物。那正是莊子所謂的「古之人，其知有所至矣。其以為未始有物者，至矣！盡矣！不可以復加矣！」那種境界——不知有物，正因為不知有我；不知有我，不知有物，乃是知之最高境界。這時他與整個大自然之間，自有一種原始的和諧。但是等到人類獲得了「自覺」的能力之後，情況便完全改變了。他開始意識到他不是別的人、別的事物；別的人、別的事物也不是他；他是獨立於其他人、其他事物之外的一個有限的、單一的存在，他與其他人、其他事物之間存在著一道一道難以逾越的鴻溝。尤有甚者，他更由於：

　　1.意識到與萬物處於一種並峙對立的狀態，因而無時不感到種種外在威脅的存在（如野獸、天災可能的侵襲、敵人的覬覦、乃至別人的敵視或厭惡）。

　　2.意識到與別人、別的事物分開隔離，因而感到孤單寂寞。

　　3.眼見自己的同類與其他生物的死亡，因而推想到自己生命的有限，由此滋生了對死的恐懼。

　　4.周遭重重疊疊的「非我」之存在，使他感到處處受阻而沒有自由。

　　於是他便陷入一種無時或止的焦慮狀態中。因此，恢復他與天地萬物的溝通或和諧，便成了他夢寐以求的一件事，因為惟有這樣，才得以解除那個刻骨銘心的焦慮[20]。

　　上述這個人類的基本問題，在基督教中佔著一個核心的地位。這個問題在《聖經》中呈現出來，便是「失樂園」的故事。

　　在這個故事中，「伊甸園」，象徵人類還沒有獲得「自覺」的能

[20]　見佛洛姆著《心理分析與宗教》。

力以前與天地萬物合為一體的幸福狀態;「智慧果」,不用說,就是使人類獲得知識,尤其是「自覺」能力的東西——「自覺」是一種高級的知識能力。正因為這樣,所以亞當和夏娃在沒有偷嚐禁果之前,是無我亦無憂的;但是在他們偷嚐了禁果之後,人己、物我的區別馬上就在他們心中呈現了,因而開始為自己的赤身裸體感到羞愧不安。這一件事情,代表了兩個意義:第一,他們開始意識到自我的存在;第二,他們開始為自己的存在狀況而操心。從此,他們便被逐出了樂園;在他們與樂園之間,永遠有手執火劍的天使把守著,而他們也開始有了死亡的威脅。

同樣的這個問題,在《莊子》一書中,則被表現為「渾沌」的寓言。

> 南海之帝為儵,北海之帝為忽,中央之帝為渾沌。儵與忽時相遇於渾沌之地,渾沌待之甚善。儵與忽謀報渾沌之德,曰:「人皆有七竅,以視聽食息,此獨無有,嘗試鑿之。」日鑿一竅,七日而渾沌死。㉑

「渾沌」,就是人己、物我未分的幸福狀態;「七竅」,就是認知的器官,七竅鑿而渾沌死矣!

佛教也告訴我們:人己、物我原是相融相攝、交涉互入的,因此,宇宙乃是一個有機的整體,其間並沒有真正獨立的個體存在。不過由於人類具有「識」的能力,而這「識」又未能如實認識事物之底蘊,人類才會在主觀的眼光中看見一個似有千千萬萬獨立事物並峙對立的世界。但這只是「識」妄加分別的結果,並非世界之實

㉑ 《莊子・應帝王》。

相。如果我們能夠透過學習與修練，把低劣的「識」轉變成高明的「智」（般若），則我們就可以看到一個渾然一體的世界。依佛家的說法，「識」的錯誤認識，不但帶給人類不安與痛苦，並且使他陷於罪惡的深淵，永遠無以自拔。因為人己、物我的區別使他產生了自私、貪欲、驕慢、瞋恨、忌妒……等等心理，這些心理又促使他做出了欺詐、掠奪、凌虐、殘殺……等行為。實際上，依佛家所說，這錯誤的認識，正是人類輪迴六道、不得解脫的根本原因！

　　此外，「疏離」與「溝通」成為現代哲學所熱烈討論的問題，更是大家所熟知的。

　　從以上的敘述可以看出：與天地萬物疏離隔閡所引起的問題，乃是不論中外、無分古今普遍為一般人所深切感受的問題。佛洛姆告訴我們：人類一切的道德活動與宗教活動都是為了解決這個問題而產生的。他說：人如果無法在相當程度上解決這個問題，最後則只有走上瘋狂一途。

　　依心理學者所說，心理失常最顯著的特徵，就是患者表現出一種強烈脫離現實的傾向。而其所以如此，乃是因為他承受不了現實所加予他的精神壓力；他的脫離現實，就是為了逃避這些壓力。而我們都知道：這些壓力的來源，歸根結底，不外乎別的人與別的事物。唸過普通心理學的人都知道：心理失常，隨程度之深淺，可分為兩種：較輕的一種，叫「神經症」(Neurosis)；較重的一種，叫「精神症」(Psychosis)。

　　「神經症」裏面，有一種叫「離解反應」的病症，包括「神經性睡眠」、「健忘症」等。這些病症，可以說是人類病態的脫離現實之最佳例證。「神經性睡眠」的患者，可以在遭受重大挫折以後，幾天、幾月，甚至幾年之久，完全陷於昏睡狀態。「健忘症」的病人，

則可能在遭受到難以忍受的經驗時，把這經驗，以及與這經驗有關的事情，一起排除於記憶之外，甚至連自己的姓名與生平都忘了！他們之所以如此，都是為了要逃避現實的痛苦事實。另有一類「神經症」，名叫「轉換反應」，更清楚顯示了外在壓力對於人類心靈所造成的傷害。「轉換反應」病症的患者，機體上沒有毛病，卻會突然看不見東西，或聽不見聲音，這是因為他不敢觀看或聽聞某些可怕的景象或聲音的緣故；再如常有一些新兵在強敵當前，生命危險的情況下，想臨陣脫逃，又怕軍法制裁，終致發生了手足癱瘓和語言障礙的現象（器官並無毛病）。這也是因為心理上承受不住外來的重大壓力之故。

以上說的，還只是比較輕微的病症。至於比較嚴重的「精神症」（如精神分裂），病人則已是完全脫離客觀現實，而生活在自己主觀的幻想世界中，其感覺、情緒、思想與行動，絕大多數都是針對幻想世界的事物而發，對於周圍的實際事物，則反而視而不見，聽而不聞。

至於一般正常的人，其所以不致如此，則是因為他們已經在相當程度上解決了上述的基本問題。我們在前面已經說過：人類的道德活動與宗教活動，基本上都是為了解決這個問題而產生的。我們之所以沒有罹患神經症或精神症，便是因為有某種程度的道德實踐或宗教生活的緣故。從這點看來，可知這兩種活動對於我們的價值有多麼的大。

而如上節所指出的，「理學」正是有關道德活動與宗教活動的一種學問。那麼，依照它的研究，究竟該如何達到人與天地萬物的溝通呢？

答案是「充分發展人類的本性」。

　　因為它認為：人類本性中具有許多的潛能；我們只要把這些潛能發揮出來，便可以達成與天地萬物的溝通或合一。譬如這些潛能中最突出的「仁愛」，它是打破人與人、人與萬物之隔閡，而達成其間之溝通的最有力憑藉。因為如前所述，「仁愛」使我們關懷別的人、別的生物，乃至無生物，使我們以他人、他物的苦樂為自己的苦樂，因而使我們的情感與他人、他物的情感共鳴，使我們的意志和思想與他人、他物的意志和思想交流。如此，存在於人己、物我之間的隔閡便消失了，人與己、物與我便又恢復了本來的合一和協調。所以程明道說：「仁與萬物為一體。」「仁者渾然與物同體。」

　　再如人的本性中又有「智慧」，它可以使我們認識自己與萬物的真相，尤其能使我們認識到存在於萬物中的各種法則或定律，因而使我們得以順應這些法則或規律而活動，從而達成與萬物的和諧。

　　所以說開拓我們固有的「本性」，便可以實現與天地萬物的溝通或和諧。

　　當然以上只是一個非常粗略的講法，如果詳盡地講，那就成為「理學」的思想體系了。事實上，理學家為解決這個基本問題，確也建立了好幾個相當完整的思想體系。這些系統，便是當今我們在研究的「理學」。這些系統，大致都包含了以下三個主要部分：一是「本體論」，二是「心性論」，三是「修養論」。

　　「本體論」，探討的是人與天地萬物之本質（或所謂的宇宙之本體）。這種探討，是解決「人與天地萬物之溝通」這問題的一個必要步驟。因為人與人、人與其他事物一定要具有某些共同的本質，才可能互相溝通。所以要達成他們之間的溝通，一定要找出他們有什麼共同本質才行。關於這點，理學家研究的結果，發現了人與天地萬物同樣的都以「理」作為他們的本質。也就是說他們的本質都同

樣是「理」。

不止如此，據他們所說，作為人與天地萬物之本質的「理」，竟是同樣的一個「理」。譬如程伊川說：「天下只有一個理。」接著又說：「一人之心，即天地之心；一物之理，即萬物之理。」陸象山也說：

> 東海有聖人出焉，其心同也，其理同也；西海有聖人出焉，
> 其心同也，其理同也；南海有聖人出焉，其心同也，其理同
> 也；北海有聖人出焉，其心同也，其理同也；千百世之上有
> 聖人出焉，其心同也，其理同也；千百世之下有聖人出焉，
> 其心同也，其理同也。❷❷

「理」，也就是上文所說的「本性」。「理」，是一般而言；「本性」，或簡稱「性」，則是就其具備於個體身上而言。換言之，具備於個體身上的「理」，就叫做「本性」或「性」。它既是事物之本質，便也就是使一件事物成其為一件事物的東西；一件事物沒有了它，便不成其為那樣的一件事物了。所以王陽明稱個人身上的這個「理」、這個「性」為他的「真己」，陸象山則稱之為「人之所以為人」。

這裏，便產生了一個問題：既然作為人與天地萬物之本質的「理」都是一樣的，而「性」又即是「理」，則萬物之「性」豈不都相同了？為什麼我們所認識的萬物之「性」卻各自不同呢？

關於這點，理學家的答覆是這樣的：我們所認識的萬物之「性」，已經不是它們本然的「性」了。雖然萬物的「本性」是一樣

---

❷❷　《陸象山全集》，〈年譜〉，總頁數第三一七。

的，但由於萬物在現實中都只是一個有限的存在，因此，它們不可能把它們的「本性」都完全表現出來；它們所實際表現出來的都只是「本性」之一部分或幾方面。所以我們所認識到的萬物之「性」彼此各有不同。

依朱子，構成現實事物之身心的質料是「氣」；個體所稟的「氣」，有多有少，且各有不同的結構；另一方面，「氣」本身又有清濁之別；這一切差異，便形成了「本性」在表現時所受的限制之差異。萬物的本性在表現時所受的限制既有差異，它們實際所表現出來的「性」便也有所不同。

但即使如此，萬物各不相同的「性」，終究還是有各種程度的相似。譬如人與馬與牛與狗，都同樣好生惡死，也都同樣饑思食，渴思飲。不但人與其他動物的性有相似之處，就是人與植物乃至無生物的「性」，也都有相似之處。譬如它們都同受牛頓三大定律之支配，它們都同樣可以被燒成灰。正是因為有同樣的「本性」作基礎，所以萬物才可以互相溝通、互相和諧。

既然在理論上講個人與天地萬物應該可以互相溝通，但是在事實上為什麼常有許多人沒有能夠達成與別的人、別的事物之溝通呢？講到這點，便牽涉到「心性論」的問題。依照理學家的說法，溝通之失敗，基本上乃是因為萬物之「本性」沒有能夠順利地、充分地、恰當地實現之故。

其所以如此，依理學家之看法，一方面是因為受到外在環境之限制（如凍餒使羞惡之心無以滋長），一方面則是像前面所說的，由於受到「氣」的限制（如「氣」比較昏濁的人比較遲鈍，比較沒有同情心），但另一方面，也是因為「本性」自身具有偏差的可能性。這些裏裏外外的因素加在一起，便導致「本性」之實現上的不圓滿

或不恰當。譬如照理學家所說，「本性」之正常的表現為「情」，但可能表現得太過或不及。不及就成為無情或寡情（如草木，或冷酷的人）；太過則成為「私欲」或「人欲」。無情與「欲」都會妨礙人與人、人與其他事物之溝通。

無情會妨礙溝通，很容易了解，無需多加解釋。

關於「本性」之過度表現而流為「欲」，程伊川曾說：

> 峻宇雕牆，本於宮室；酒池肉林，本於飲食；淫酷殘忍，本於刑罰；窮兵黷武，本於征伐。先王制其本者，天理也；後王流於末者，人欲也。

宮室、飲食、刑罰、征伐，是聖人順乎「天理」（即「本性」）而制作的，所以這是正常「人情」以內的事。但如果失去節度，而流於峻宇雕牆（由宮室），酒池肉林（由飲食），淫酷殘忍（由刑罰），窮兵黷武（由征伐），則便落於邪惡的「人欲」或「私欲」的範圍了。

這種邪惡的「欲」，足以妨礙人與人、人與萬物之溝通。陸象山說：「人無不愛親敬兄，及為利欲所昏，便不然。」㉓「愛親敬兄」，是「本性」之正常表現，是人類之一種「至情」。這種「情」，足以使父子兄弟之間融洽和睦（即達成溝通）。但一旦做子弟的起了利欲的私心，對父兄之愛敬便可能窒息或減低了，於是彼此之間的嫌隙生矣！

再如「智」也是「本性」中固有的一種能力，但受了「氣」的限制，便可能蒙昧，而發生錯誤的認識，使得我們妄分人我，產生

㉓　同⓲。

自私的心理，或不能認清客觀世界的規律而胡作非為。這也極其有害人與人、人與萬物之溝通。

「理學」的「修養論」，就是用以探討種種掃除「本性」實現上的障礙之方法的。

關於這點，有主張「持敬」與「致知」並行的（如二程兄弟與朱子），有主張從「立心」著手的（如陸象山），有主張「致良知」的（如王陽明），有提倡「慎獨」的（如劉宗周）……林林總總，不一而足。但總括而言，不外透過各種積極與消極的手段，嚴格鍛鍊身心，使種種內在與外在的障礙減少到最低限度，使天賦本然的善性實現到圓滿至當的地步。

「本性」圓滿至當的實現，不但能夠達成溝通，解除各人精神上的焦慮不安，使內心達到寧靜和平的境地，且可以帶給個人珍貴的充實感與滿足感——因為他完成了自己，而使他領略到自己生命之價值。以上這些感受和體會，自然促使人們產生充盈的幸福感。所以努力去實現各人自己的「本性」，乃是我們所知道的最平實的一條「致福之道」——各人「本性」的實現，也就是心理學上所謂的「自我實現」，因為「本性」乃是各人之「真我」。

三、「理學」對原始儒學的繼承與發揚

「如何與天地萬物溝通」是人類共同的基本問題。這個問題，在中國，當然也會引起人們的關切，同時，也會有人設法加以解決。在佛教尚未傳入中國以前，到周朝為止，中國人主要是以宗教的途徑去解決，儒家興起以後，則代之以它特有的那種道德生活（攝宗教於道德的道德生活），此外，道家也有它特有的一種方法——一種

類似審美活動的觀照。但佛教傳入中國之後，它所提供的方法，卻壓倒了原有的其他方法，而成了中國人最普遍採用的方法。這自是因為這種方法最為有效之故。

佛教既然提供了一種更有效的方法，則由它來取代原有的其他方法，並沒有什麼不好。問題是，佛教乃是產生自異族文化的東西，其中有若干成分跟中國傳統的社會與文化格格不入，對中國傳統的社會與文化形成莫大威脅。譬如它的主張「出家」，以及它的「沙門不拜王者」之說，就對家族與國家的存在甚有危害，而家族與國家則是中國傳統社會之最主要的組織，中國傳統文化也以家族與國家為重心。正是因為這個緣故，所以便有一些愛護中國傳統社會與文化的人，想要重新以儒家的方法來解決這個問題——他們之所以想到儒家，乃是因為在中國固有的學術中，儒學最有鞏固家族與國家的作用。這些人，便是理學家及其先驅。

但佛教之取代儒學，乃是因為它對解決這個問題有優於儒家的方法。儒家如果想在這方面趕上它，乃至超過它，便非經過一番改造與發展不可。這番改造與發展的工作，正是理學家責無旁貸的歷史任務。

理學既把儒學加以改造與發展，因此，理學雖然仍是儒學，但已不是原來的儒學。相對於原來的儒學而言，它可以說是一門新儒學。新儒學跟舊儒學當然有著繼承的關係，但這種繼承，乃是經過有意識的選擇的。它從傳統儒學典籍中所取的，只是有助於它所關心的問題之解決的那一部分而已。這一部分，除了《論語》之外，便是《孟子》、《中庸》、《大學》、與《易傳》等。配合著這一取捨，它又提出一個所謂的「道統」之說，即把曾子、子思、孟子這一系統定為儒學之正統，以之承接堯、舜、禹、湯、文、武、周公、孔

子的傳統。在今天唸中國哲學的人應該知道：第一，這一系統，乃是在宋代才確定的；第二，這只是宋明理學家主觀的認定。根據《韓非子‧顯學篇》的記載，孔子死後，儒者曾分而為八個派別：一、子張氏之儒；二、子思氏之儒；三、顏氏之儒；四、孟氏之儒；五、漆彫氏之儒；六、仲良氏之儒；七、孫氏之儒；八、樂正氏之儒。彼此地位相若，並無正統與非正統之別。可見後來的「道統」之說並不是原有的。附帶要知道的是：如今我們用以代表儒家思想的所謂四書——論、孟、學、庸，也是在南宋朱熹手上才編定的。它們之取得這個特殊地位，也是出於理學家之偏好。

新儒家為什麼會選上上面的典籍呢？這是因為《易傳》與《中庸》是儒家有關形上學的僅有著作。《孟子》一方面談心性，一方面談人與天地萬物的關係，另一方面又談養心、寡欲等修養問題，在在與上述理學之基本問題有關。《大學》則專談修養工夫。這些都是理學所需的。

理學之有進於原始儒學的地方，整個而言，當是它完成了一門遠較後者之「成德之學」更完整、更詳盡、更嚴密的「成德之學」。內容包括了「本體論」、「心性論」、「修養論」、乃至自然觀、政治哲學等等。分別而言，其犖犖大者，則有二程兄弟在「本體論」上之確定宇宙本體為「理」、及對「理」之意義與內容之闡發；程朱在「心性論」上之確定「性」為「理」；張橫渠與程朱在「心性論」上之區別「本然之性」與「氣質之性」；陽明之建立「知行合一」；以及諸家在「修養論」上所提出之較以前更完善、更深密的修養工夫（如二程之「居敬」、「窮理」；陽明之「致良知」；劉宗周之「慎獨」）等等。

第一章　理學之時代背景與程學之先驅人物

　　佛教在後漢東傳之後，逐漸在中土興盛起來，到了隋唐，終於達到興盛的頂點。宋明時代，如何成佛，仍然是中國人極感興趣的問題。理學家要解決的基本問題，還是這個問題。他們不同於佛教徒的地方，只在於他們都在儒家之典籍中尋求這個問題之解答。從這個觀點來看，佛教可以說是理學之最初出發點。

　　那麼，成佛的問題是怎樣的一個問題呢？佛似乎是很神秘的一種存在，但這種存在還是可以說明的。用馮友蘭的話來講，佛就是達到與宇宙合一的境界的人❶。而所謂達到與宇宙合一的境界的人，實際上，也就是能夠與萬物充分溝通的人。因此，成佛的問題，實即〈序論〉所說的如何與萬物溝通的問題。

　　理學家想在儒家之典籍中尋求如何成佛的問題之解答，實即想以儒家的方法來達成成佛的目的。他們為什麼要摒棄佛教固有的方法而改採儒家的方法呢？那是因為佛教固有的方法不利於中國的傳統社會與文化。因為佛教主張「出家」修鍊，又有「沙門不拜王者」之說，對家族與國家持否定的（至少是消極的）態度，而家族與國家乃是中國社會最主要的組織，中國的傳統文化也以家族與國家為重心。理學家排斥佛教，乃是出於維護中國傳統社會與文化的動機。而理學家之所以會有這個動機，卻與傳統中國知識分子以天下為己任的精神在北宋之重振大有關係。這種精神得以在北宋重振，則是宋初一百年竭力養士之結果。五代的士風頹靡，當時的知識分子並無此種精神。

---

❶　見馮著《中國哲學史》第二篇第十章〈道學之初興及道學史「二氏」之成分〉。

　　宋代建國之初，鑑於唐末與五代藩將跋扈與軍人操政之危險，乃確立一項基本國策，即裁抑武人，重用文臣。但客觀情勢上，五代時失去的北方疆土既未能恢復，宋代國都又建於無險可據的開封（為了漕運之便），國家必須依賴重兵的保衛。因此，兵員不但不能減少，反而逐次增加。但裁抑武人乃是既定的國策，為了貫澈國策，只好使文臣之勢力大過武官，以為制衡。宋代文臣之勢力遂膨脹到空前絕後的程度。

　　擴張文臣的勢力，不外兩個方法，一個是增加其數量，一個是提高其待遇。這兩方面，宋朝都有突出的作法。以前者而言，宋代取士，沿襲唐制，本設有「進士」、「九經」、「五經」、「開元禮」、「三史」、「三禮」、「三傳」、「學究」、「明經」、「明法」等常科，後來又設特科，仁宗時且增開至十科，士大夫之出身，增加了許多途徑。不但如此，而且每科錄取之名額也大量增加。以「進士」一科為例，唐代每年一舉進士，及第者，每年以一二十名為常，至多不過五十名。宋代在英宗以後雖改為三年一舉，但每次錄取之人數竟達六七百名之多，應考者輒在一兩萬人。

　　至於待遇，更是優厚之至。「正俸」之外，有「祿粟」，有「職錢」，有從人衣糧，又有冬春服。此外，又有「茶酒廚料」、「薪蒿炭鹽」、「飼馬芻粟」、「米麵羊口」等。官於外者，別有「公用錢」、「職田」、「茶湯錢」等。數目都很可觀。而且官戶一律免役、免稅。更有「恩蔭」制度，即品級高的官員之子孫、親屬、乃至門客可以不經考試而任官。年老優良官吏退職後，尚有祠祿。因此，以宋時最廉潔的范仲淹為例，當他任參知政事時，竟能購買蘇州近郊上等田一千畝，以養同族人，名為范氏義莊。一般士大夫享受之高，不難想見。

　　朝廷既對士大夫如此尊重，士大夫遂也日益自尊自重，不但一改五代之陋習，漸知以名節相高，廉恥相尚，且滋生了一種對國家、社會、乃至對歷史、文化的責任感。如范仲淹還是一名秀才時，便叫出了「士當先天下之憂而憂，後天下之樂而樂」的口號。後來的張橫渠更立下了「為天地立心，為生民立命，為往聖繼絕學，為萬世開太平」的宏願。這都是當時知識分子新精神之表現。正因為有這種精神，理學家才會自動擔負起維護中國傳統社會與文化的重任。

　　理學雖然大興於宋明，但唐代佛教極盛時的韓愈（字退之，西元 768-824）與李翱（字習之，西元 772-841），實已開其先河。韓、李都極力反抗佛教，率先在儒家典籍中尋求如何成佛一問題之解答。韓愈作《原道》一文，其中大力推崇孟子，以孟子為孔學之正傳。後來此見解竟成為理學家一致的見解。《原道》又引《大學》「正心誠意」之說，於是《大學》又為理學家所重視，被他們從《禮記》中抽出來，成為獨立的一書。韓愈論「道」，有所謂的「道統」之說，此說後來也為理學家所承襲。韓愈之弟子李翱，作《復性書》，特別提到《中庸》與《易·繫辭傳》，此後這兩部書也成為理學家所根據之重要典籍。到朱子的時候，終於把《大學》、《中庸》、《論語》、《孟子》合為四書，作為儒學之代表經典。《復性書》論述人之心性，以佛學中「本心」與「無明煩惱」之分為張本，判別「性」與「情」，認為「情」因「性」而生，「性」因「情」而明。「性」是人之所以為聖人者，「情」是人之所以惑其「性」者。「情」能使「性」昏與動。故想成聖，必須恢復「性」之靜與明之本然。這本然的靜，是絕對的靜，即《中庸》所謂的「誠」。能誠則自能明，能明則自能誠。這篇文章，不但首開揉和儒、佛學說以論心性之風氣，而且已隱約預示了理學「破暗開山」的周濂溪之思想——

如濂溪之認為「寂然不動者，誠也」，「動而未形，有無之間者，幾也」，而「幾」乃是善惡之所由分。又如濂溪之「主靜」以立人極。

到了北宋，更有胡瑗、孫復之師徒們，苦學勵行，聚徒講學，立志復興儒學，重整中國道統，為宋代理學打開了一個局面。但依思想史家之言，理學之真正的奠基者，乃是周濂溪（名敦頤，字茂叔，西元 1017–1073），邵康節（名雍，字堯夫，西元 1011–1077），與張橫渠（名載，字子厚，西元 1020–1077）。而二程則為理學之建立者，朱子（名熹，字元晦，一字仲晦，學者稱晦庵先生，西元 1130–1200）為理學之完成者。

周、邵、張三子，都年長於二程，可算程學在北宋之先驅。

周濂溪揉和《老子》「天地萬物生於有，有生於無」，《易·繫辭傳》「易有太極，是生兩儀」，以及陰陽家「五行」諸說，以附會道家用以講修鍊的一幅圖解，講出了一套完整的宇宙發生論，名為《太極圖說》，是理學關於這方面的第一項有系統的學說。其中，對萬物之生成變化固然做了清楚的說明，對人類之由來、善惡之起源、道德之成立等等，也都有簡要的交代。其後宋明理學家之講宇宙發生論者，多就其說加以推衍。

他的《通書》（本名《易通》，亦係講《易》之作），更對精神（神）、物質、人性、修養方法等等，進一步詳加闡述。兩文合觀，已可看出理學之大體規模。

依《太極圖說》，宇宙之本體，具有兩個面相，就其無形無相、無可捉摸之一面而言，可名之為「無極」；就其能動能靜、生陰生陽之一面而言，可名之為「太極」。「太極動而生陽，動極而靜，靜而生陰」，陰陽二氣，便是如此產生出來的。陰陽二氣產生出來以後，又互相作用，互相配合，產生了水火木金土「五行」（五氣）。現象

世界之萬物，則是無極（太極）與陰陽、五行等氣巧妙結合而形成
的（「無極之真，二五之精，妙合而凝」）——這中間，自有一個雌
雄男女分判而交感的過程存在。人，則是萬物之至靈者，因為他所
稟得的乃是秀美之氣。人有形體，也有精神；形體形成之後，精神
便能發生感知之作用。由於有感知之作用，人之「五性」就會感於
外物而動，人之善惡，就在這動中分判。聖人為了去惡存善，遂以
「靜」為務，使「五性」永保中正仁義之狀態。而其所以能靜，則
是因為無欲。

　　《通書》重申太極生陰陽、五行，陰陽、五行化生萬物之事實；
又進一步提示「太極」即「理」。理學「理生氣」之說，在此已見端
倪。

　　但《通書》主要還是在論述人性之面貌與成聖之修養方法。依
它，人性原本為善，此人性之本然，即所謂的「誠」。「誠」則淵源
於萬物資生的「乾元」——太極。「誠」是「五常之本，百行之源」；
聖，也不過是「誠」而已；聖人之所以為聖人，端在恢復其性之本
然。性既本善，惡又何由而生呢？依《通書》，人之惡，係由於本性
在感於外物而動時，其動不合乎中道。反之，若合乎中道，其動便
為善。若想動無不中，則應「無欲」。無欲，則靜時可以保持心之虛
靈，動時可以保持行為之正直。心虛靈，則明，明則可以與萬物溝
通；行為正直，則公；公則如天地之無不覆載，即所謂的「溥」。能
做到明、通、公、溥，距離聖人之境界便已不遠了。

　　能否與萬物溝通，是濂溪衡量一個人是否已經達到聖人境界的
一項準繩。而與萬物溝通，則全賴人之精神（神）。依《通書》，物
質都會受到限制，動的時候不能靜，靜的時候不能動；但精神卻不
受限制，可以動而無動、靜而無靜。因此，物質無法與萬物溝通，

精神卻可以。他又依〈洪範〉「思曰睿，睿作聖」的說法，提出「思」作為「聖功之本」。認為思則可以通微，通微則可以無不通，無不通則可以成聖。但聖人乃是精神已發展到圓滿境地的人，他可以動而無動，靜而無靜，因此，他雖思，卻「思而無思」；雖無思，卻「無思而無不通」。

《通書》所言，李翱之《復性書》已發其端；後來伊川之〈顏子所好何學論〉，則又以《通書》為藍本。理學思想之傳承，誠然有分明之脈絡可尋。

邵康節則根據闡釋《易經》的〈緯書〉，講出一套宇宙論。其理論，遠比周濂溪的更為詳盡。至於其主張世界會壞滅，而壞滅後另有新世界繼之產生，則顯然已經受了佛家「劫」的觀念之影響。

邵氏根據〈緯書〉而講的宇宙論，即所謂的「象數之學」。「象數之學」最大的特色，就是主張「形由象生，象由數設」，有數而後有象，有象而後有形。數，無庸說明；象，則是事物之公式，類似希臘哲學中所謂的「形式」(form)。主張先有數與象而後有具體事物，具體事物根據數與象而產生，無異認為數與形式比具體事物更根本。這種思想有助於程朱理氣觀之形成。而事實上，程朱之「理」，也涵有「形式」一義。

康節之宇宙發生說，大抵是依《易‧繫辭傳》「易有太極，是生兩儀；兩儀生四象；四象生八卦……」而推衍，並沒有多少特殊的地方。其理論之比較特別的地方，一在以代表六十四卦的六十四個「象」排成一個圓圈，以之表示任一具體事物之從生成到壞滅的整個歷程，換言之，即以此作為萬物生滅變化之「公式」。一則在依此公式而為我們這個具體世界作一年譜。這年譜，以元、會、運、世四種單位計算時間。一元等於十二會，一會等於三十運，一運等於

十二世，一世等於三十年。照此計算，則一元等於十二萬九千六百年。康節認為每隔這麼多年世界就要成毀一次。依他所說，姑以我們這個世界所在之元為甲元（元，以甲、乙、丙、丁……計），則這世界之天乃是開於甲元之第一會；地乃闢於甲元之第二會；人則生於甲元之第三會；至甲元之第六會，人之文明達於最盛，唐堯即於此會之第三十運中之第九世（即甲元之第二千一百五十七世）行其聖王之治。而宋神宗熙寧元年，則為甲元第七會第十運中之第二世之第十五年。

　　除了宇宙論之外，成聖的問題也是康節所關切的。也正因為如此，所以他終不失理學家之本色。依他，人乃是「物之至者」，聖人則是「人之至者」。聖人之所以為聖人，則在其能「以物觀物」，而不「以我觀物」。所謂「以物觀物」，就是能擺脫主觀，「用天下之目為己之目」，「用天下之耳為己之耳」，「用天下之口為己之口」，「用天下之心為己之心」。換言之，即在能無我而任物。而這也正是個人修養的方法。「任我則情，情則蔽，蔽則昏矣。因物則性，性則神，神則明矣。」這裏的「性」與「情」之別，也是以李翱《復性書》中的「性」與「情」之別為張本——李翱心目中之「性」，相當於佛學中所說的「本心」；「情」則相當於「無明煩惱」。

　　康節以上的思想，都見於他的名著《皇極經世》。

　　張橫渠則在《正蒙》一書中經營出一套「氣一元論」，以之說明宇宙萬象，不但理論嚴密一貫，而且涵蓋廣泛周遍，舉凡天地間之一切現象，幾乎無不在其論述之範圍。其中涉及天文、氣象、物理、生物，乃至鬼神等等。理學所著重的心性、道德、修養等等課題，當然更在其詳盡闡述之列。

　　根據其《正蒙》一書所述，宇宙不外乎一氣，萬物都是氣所構

成。氣有兩種對立的作用。正因為它有兩種對立的作用，所以宇宙間才有種種變化，換言之，世上的一切變化，都是氣的這兩種作用互動之結果。另一方面，儘管氣有兩種對立的作用，但宇宙間的氣畢竟是一體。正因為它是一體，所以各部分之間才可以相通。氣散而未聚、無形無象的狀態，即所謂的「太虛」。「太虛」，「清通不可象」，橫渠形容之為「神」；氣，則有質礙。「太虛」與「氣」之關係，猶如水與冰之關係，所以「太虛」即「氣」；知道「太虛」即「氣」，便知道世上根本沒有所謂的「無」。氣凝聚，便構成萬物；氣分散，萬物便毀壞。但氣之運作，自有一定之規律，這規律，橫渠稱之為「理」。由於氣之運作有一定之規律，所以萬物有一定之組織與結構，萬象有一定之程序與步驟。

橫渠之宇宙觀，基本上仍是從《易傳》推衍而來，所以他對唯一本體與兩種對立的作用之關係，以及兩種對立的作用彼此的關係，有很深的體認。依他，兩種對立的作用，固然是因唯一的本體而有，但唯一的本體亦因兩種對立的作用而顯，「兩不立，則一不可見；一不可見，則兩之用息。」另一方面，這兩種對立的作用，亦相反而相成，互相不可缺少；推而廣之，世上有一物，必有與之相反的一物與之對立；也正因為有這相反的一物與之對立，這一物才成其為一物。

橫渠也是以「氣」的概念來說明人之心性。照他所說，氣是構成萬物之元素，而氣之散而未聚的狀態乃是「太虛」，因此，氣有兩種性，一種是它作為「太虛」而呈現的性，一種是它作為「氣」而呈現的性。前一種性，顯而為清通無礙；後一種性，則顯而為不相入、不相通。人是氣所構成，因此，人也有兩種性，一種是所謂的「天地之性」，一種是所謂的「氣質之性」。這兩種性，正與氣之兩

種性相應。前一種性，他有時又稱為「天性」，因為他說過「由太虛有天之名」，「天性」，就是「太虛」之性。人有形體，自具有「氣質之性」，但「天性」亦仍然存而無失。因為「氣」本為「太虛」。「天性在人，正猶水性之在冰。凝釋雖異，為物一也。」職是之故，人自可以恢復其「天性」（天地之性）。「形而後有氣質之性。善反之，則天地之性存焉。」「氣質之性」復原之後，便是「天地之性」。恢復「天地之性」以後，人便可以與萬物溝通而為一。

恢復之道，則在修養。橫渠之修養論，特重守禮。這可以說是張學的一大特色。伊川就曾說過：「子厚（橫渠之字）以禮教學者，最善。使學者先有所據守。」其修養之最終目的，則在「變化氣質」，使人能夠消除人我之界限，而達到與宇宙合一的境地。其理想中的人格，乃是能「體天下之物」而「視天下無一物非我」的聖人。

《正蒙・乾稱篇》中後人稱為〈西銘〉的一段話，更根據萬物本為一體之義，明示我們對宇宙及其間萬物應有的態度。依它，吾人之體，即宇宙之體；吾人之性，即宇宙之性。我們應該視宇宙為父母，亦應該以事父母之道事之；應視天下之人，皆如兄弟，天下之物，皆如同類，亦應以待兄弟之道待之。

橫渠之「氣一元論」，確立了氣在理學中之地位。其「氣質之性」，更是發前人所未發，為個性之差異以及惡之由來提供了一個理論基礎，對先儒之心性論做了必要的補充，難怪後來朱子要稱讚它說：「氣質之說，起於張程，極有功於聖門，有補於後學。前此未曾有人說到。故張程之說立，則諸子之說泯矣。」

周、邵、張三人，跟二程都彼此相知。《宋元學案》列張橫渠為明道與伊川之學侶；康節則為二程之好友，彼此時相過從；二程少時更師事過周濂溪。因此，他們彼此之間應該有相當程度的思想交

流。

　　《宋元學案‧明道學案》記載說：明道「自十五六歲時，與弟正叔聞汝南周茂叔論學，遂厭科舉，慨然有求道之志」。明道也自言：「自再見周茂叔後，吟風弄月以歸，有吾與點也之意。」❷雖然後來二程並未承認他們的思想是承襲自濂溪，甚至笑他是「窮禪客」❸，但濂溪對他們有啟發之功，則是不可否認的事實，這從伊川早年的〈顏子所好何學論〉與濂溪學說之相似，可以明顯看出。黃庭堅說濂溪人品甚高，胸懷灑落，如光風霽月。在這方面，二程顯然也受到影響。明道曾回憶說：「周茂叔窗前草不除去，問之，云：與自家意思一般。」❹後來明道自己也有類似的行為，他的門人張橫浦說：「明道書窗前有茂草覆砌，或勸之芟，曰：不可，欲常見造物生意。」❺

　　二程跟康節的關係，更為密切，他們相處甚為愉快，有時還會互相開開玩笑❻，甚至康節臨終時還不忘幽伊川一默❼。康節是個

❷　《二程遺書》，第三，頁一。

❸　同❷，第六，頁四。

❹　同❷，第三，頁二。

❺　《宋元學案‧明道學案》。

❻　譬如有一次，康節對程子說：你雖然聰明，但天下之事甚多，你能盡知嗎？程子說：天下之事，我所不知道的固然很多，但你所謂我不知道的是指什麼？當時正好有雷聲響起，康節就說：你知道雷聲起於什麼地方嗎？程子說：我知道，你卻不知道。康節愕然問道：這話怎麼說？程子說：既然知道，何必用數去推算；你正因為不知道，所以才需要用數去推算出來。康節說：那麼，你以為雷聲起於何處？程子說：起於起處！（見《遺書》，第二一，上，頁二）

❼　康節病重時，伊川去看他，提醒他說：「你平日所學的，今天用上了沒有？」他氣息微弱，不能講話。第二天再去看他，卻聽到他用細如髮絲的

豪放灑脫的人，伊川曾不止一次批評他態度「不恭」❽，又說：「堯夫之坦夷無思慮紛擾之患，亦只是天資自美爾，非學之功也。」❾但談到他的學問，則甚為推崇，如說：「邵堯夫數法出於李挺之。至堯夫，推數方及理。」❿又說：「世之信道篤而不惑異端者，洛之堯夫，秦之子厚而已。」⓫前文已經說過，康節之象數之學曾經影響到程朱的「理」的概念。

　　橫渠是二程的表叔，《宋元學案》列橫渠為二程之學侶，可以想見他們在學問上的切磋之勤。他們的論學，不但留下可觀的記錄，而且還發生過一件感人的故事：有一度橫渠在京師開封講《易》，學生甚多，他還在座上鋪上虎皮。某夜，二程去看他，於是表叔姪三人暢談易理。第二天，橫渠竟對學生說：「昨天會見程氏兄弟，發現他們深明易道，不是我所能及，你們可以去師事他們。」當天便結束了自己的講學⓬。至於他們留下的論學記錄，則有橫渠於熙寧十年（即他去世那一年）到洛陽與二程論學時程門弟子所錄的談話。這些記錄，後來輯為《二程遺書》第十卷，題名「洛陽議論」。橫渠去世後，伊川曾於元豐庚申年間與元祐辛未年間兩度入關，與關中學者相切磋，後者曾把他的話錄下來，後來輯為《二程遺書》第十五卷，題名「入關語錄」，可視為與橫渠論學之延續。

　　二程對橫渠的才學十分推崇，伊川說他才高，說他的學問是「先

　　聲音說：「現在即使你說生薑是長在樹上，我也只好依你！」（見《遺書》，第一八，頁一二）

❽　見《遺書》，第二，上，頁一四，二四。

❾　同❽，頁一一。

❿　同❽，第一八，頁一二。

⓫　同❽，第四，頁二。

⓬　見《宋元學案‧橫渠學案》。

從雜博中過來」，而終於達到精純的境界 ❸ 。他們最讚美的是他的〈西銘〉（又名〈訂頑〉），說它「純極無雜，秦漢以來學者所未到」❹，又說「自孟子後，儒者都無佗見識」❺；說用這篇文章來教學者，可以省去許多不必要的言詞。明道則認為其中具備「仁孝之理」，「須臾而不於此，便不仁不孝也」❻。他們又讚許他教學者學禮。這在前文已經說過，此處不再重複。此外，他們也稱道他講求治道。伊川說：「某接人治經論道者亦甚多，肯言及治體者，誠未有如子厚。」❼橫渠認為《周禮》必可行於後世；治天下不由井田，終無由達到公平的境界；井田至易行，只須朝廷出一令，可以不笞一人而定。又說朝廷以道學與政術為二事，這正是自古以來最值得憂慮的一件事。這些看法，都跟二程的大體相似。

但二程對橫渠的本體論卻有意見，而評論說：「立清虛一大為萬物之源，恐未妥。須兼清濁虛實，乃可言神；道體不遺，不應有方所。」❽意思是說，既是宇宙本體，便應兼為清與濁、虛與實，不應只是清與虛；如果只是清與虛，便於某些事物有所遺，而不足以為全宇宙之本體。這批評，自有道理。明道也批評說：「形而上者謂之道，形而下者謂之器。若如或者以清虛一大為天道，則乃以器言，而非道也。」❾這是根據「形而上者為道，形而下者為器」這定義而做的批評。蓋「清」、「虛」、「一」、「大」等都是對形象的形容，

---

❸ 　《遺書》，第二，上，頁一九。

❹ 　同❸，頁七。

❺ 　同❸，第一八，頁一一。

❻ 　同❺，頁二〇。

❼ 　同❸，第一〇，頁一。

❽ 　同❸，第二，上，頁六。

❾ 　同❸，第一一，頁一。

道既是形而上者，便不當以這些字眼形容它。橫渠之所以會把本體設想為清、虛、一、大之物，主要是因為他是一名「氣一元論者」，他在構想宇宙本體時，也不自覺地透過「氣」的概念去構想它，因此，他心目中的宇宙本體，便難免帶有「氣」之形象。這正是他未脫離唯物論色彩的地方。二程則傾向於「理一元論」，而「理」卻「無形跡」，「不會造作」（朱子語）。無怪乎他們的本體概念會和橫渠的發生齟齬。

第二章　二程的生平與著作

二程兄弟，是河南洛陽人，出身士宦之家。高祖程羽，在宋仁宗時，官至三司使。父親程珦，則因仁宗皇帝進用舊臣後代而得以任官。我們從他一生的行事與為人，可以隱約看到二程兄弟之影象，他的理性的態度、慈愛的胸懷、不徇流俗、不畏權勢的作風，都或多或少遺傳給了二程。

程珦知龔州時，傳言一名被誅的匪徒顯靈，要人們為他在南海立祠，又傳言潯地的郡守以其為妖邪而把其祠具投入江中，那些祠具竟逆水而流。程珦不信，又把祠具投入江中，卻見它們跟別的東西一樣順水而下，這才平息了一場紛擾。他知漢州時，有一次在開元寺宴客，正當敬酒的時候，忽然有人高呼佛像放光，眾人都爭相前往觀看，竟致互相踐踏，只有程珦一個人安坐如故。熙寧年間，王安石的新法頒行，各地守令奉命唯恐不及，只有程珦獨持異議，指其不便民，致使使者李元瑜對他非常惱怒。他平日跟後輩與下人相處，都極為慈愛體諒，對左右使喚的人，無時不注意他們的溫飽冷暖，但一旦他們犯了義理，卻毫不寬貸。他在任的時候，曾有五次加蔭子孫的機會，他都把它們平均分配給伯父、叔父的子孫。所得俸祿，則用以濟助窮困的親戚，對一位寡居的伯母，更是事奉得十分周到。一位堂兄的女兒喪夫，他不但把她接了回來，還悉心教養她的子女，待他們跟一般子姪一樣。

二程的母親，更是一名難得的女性。她喜愛讀書，博知古今，深明事理，而教子有方。二程小的時候，她為了鼓勵他們讀書，曾在他們的書線帖上寫道：「吾惜勤讀書兒。」平常程父生氣的時候，她都會加以寬解，但子女有過，卻絕不替他們掩飾，曾說：「子女之

所以不肖，都是因為做母親的老是掩飾他們的過失，不讓父親知道。」二程有時貪求美味，她就會斥責他們說：「小時候就想滿足自己的嗜欲，長大了怎麼辦？」二程與人爭吵時，即使有理，她也從不袒護，常說：「正怕他們不能委曲，不怕他們不能剛強。」後來伊川說：「我們兄弟平生對衣食從不講求，也從不惡言罵人，並不是本性如此，這都是母教的恩賜！」

程顥，字伯淳，號明道，生於宋仁宗明道元年（西元 1032 年），卒於神宗元豐八年（西元 1085 年），享年五十四歲。他天生聰慧，據說還在襁褓中的時候，叔祖母任氏抱著他玩，頭釵掉了還不知道，過了幾天才到處在尋找，明道當時還不會說話，卻用手指出掉落的地方，使它失而復得。十歲，就會吟詩作賦，曾寫出「中心如自固，外物豈能遷」的詩句。

程父在虔州任職的時候，有一次見到一名獄吏，雖然年輕，卻氣宇非凡，交談之下，對他的道學修養非常傾服，兩人遂成為好友。這位青年，便是周濂溪。不久，程父便讓二程兄弟向他問學。這時濂溪才三十一歲，二程則只有十五、六歲。濂溪常叫他們思索孔子和顏回生平所樂何事。明道受了他的薰陶，逐漸對科舉起了厭惡之心，而生起求道之志。於是泛濫於諸家，出入於老釋，差不多經過了十年，最後又返求之於六經，才有了心得。

二十六歲，明道考中了進士。最初奉派出任京兆府鄠縣主簿。若干年後，調為江寧府上元縣主簿。後來升任澤州晉城縣令。這幾年地方官的任內，他的政績極好，《宋史》、《宋元學案》、與《二程全書》曾分別記載了一些他在任上的故事。其中，有關於破除迷信的，有關於斷案的，也有關於造福地方的，更有關於各種改革與建設以及愛護百姓的事跡的。

關於破除迷信的故事，有一則說，當他在上元縣任職時，曾故意捕食了一條一向被視為神物的龍。這種龍，產於茅山，形狀如蜥蜴，身上有五種顏色。

斷案的故事，一則發生在鄠縣，一則發生在晉城。從這兩則故事，可以看出他的明察。

鄠縣有一個人，借居哥哥的宅第，無意中掘得埋在地下的一批錢幣。他的姪兒投訴於明道，說那是他父親埋的。明道問他幾年前埋的，他說四十年前，又問他叔叔借住了幾年，他說借住了二十年。明道於是叫左右拿十千錢來查驗。查驗過後，他對投訴者說：「官府所鑄的錢，不到五六年，便已通行天下，而這些錢卻都是未埋前數十年所鑄的。這是什麼緣故呢？」投訴者為之語塞。

晉城的故事，則涉及一件冒充人家生父的騙案：晉城富戶張氏父親剛死，第二天就有一個老人來到他家，自稱是他生父。張氏驚疑莫測，於是兩人相偕到縣衙見明道。老人告訴明道說，自己行醫為業，有一次出遠門行醫，妻子生下兒子以後，沒有能力撫養，就把他送給張家。明道問他有什麼證據，老人就拿出一張字據，上面記載說：某年月日，把兒子送給張三翁家。明道就質問他說，當時張才四十歲，怎麼會稱為張翁？老人大驚，謝罪而退。

明道仁民愛物的事跡，則更多。為了民眾的福利，他甚至不惜違規破例：他當上元縣主簿時，有一年仲夏，河隄決口，按當時規定，必須先呈報於府，府再呈報於漕司，然後動工修復。明道說：「這樣的話，秧苗早就枯死了！」竟逕自徵發民伕搶修，那年因而得以豐收。另外有一件事情，也充分表現了明道的愛心。上元是水運要衝，設有營地專門收容病卒，但病卒到達那裏以後，死的很多，明道說：「病人要等到發給飯票才有飯吃，一等就等好幾天，人怎麼

會不死？」就把情形向漕司報告，請在營中預貯米糧。從此以後，死者減半。明道的愛心，甚至及於鳥獸：他剛到上元上任時，看見有人拿竿子黏鳥，他一把就把竿子搶過來折斷。從此以後，鄉民子弟沒有人再敢蓄養禽鳥。

他有時擇善固執，連上司都為之懾服：仁宗駕崩時，照例官員都要為他穿三天的孝服。當時他在上元，府尹在第三天早晨就要帶頭除去孝服，明道對他說：「請穿到今天晚上。如果早上就除去，只算穿了兩天。」府尹不聽他的，他說：「你自己除去吧。我不到晚上，不敢除去。」結果全府官員面面相覷，沒有一個人敢把孝服除去。

他當縣令時，視民如子，百姓有事到縣衙，一定諄諄告誡他們要踐行孝悌。要請他斷案的，有的甚至不持訴狀，就直接來到庭下，他一律從容理其曲直，當事者無不悅服。他又在鄉村設立伍保，使力役相助，患難相卹，而姦偽無所容身。凡是孤苦殘廢的人，則責令親戚鄉黨加以照顧，使不致失所。經過他轄區的行旅，若有疾病，都會受到濟助。轄區的每個鄉，都設有學校，有空的時候，他便親身前往，召見父老，交換意見。兒童所讀的書，他都親自為它校正句讀。教師不稱職的，則加以更換。他在任三年，縣民沒有一個當強盜或鬥毆而死的。

熙寧年間，呂公著用事，由於明道政績斐然，便推薦他到中央任職，授太子中允，監察御史裏行。神宗皇帝早已耳聞他的聲名。每次召見，都花很多時間跟他討論天下大事，臨走時，則對他說：「你可以常常來求見，我希望經常跟你見面。」有一天，談了很久，到日官報說已經正午，才退出，居然連皇帝用餐的時間都躭擱了！

這期間，他也曾上書陳述為治之道，這就是《宋元學案》所錄

的〈程明道陳治法十事〉。綜括言之，他對神宗的建議，無非正心窒欲、求賢育材等等，卻絕口不談功利。神宗雖然有時頗受感動，終覺不太投契，譬如有一次他對神宗陳述為政的最高理想，神宗說：「這是堯舜的事業，我怎麼敢當呢？」使他愀然變色道：「陛下說這樣的話，實在不是天下之福啊！」

王安石執政之後，倡議變法，反對者攻擊得很厲害。某日，明道奉旨到中堂議事，王安石正對反對的言論生氣，怒容滿面地對待他，他從容不迫地說：「天下事不是一家的私議，希望平心靜氣聽聽人家的意見。」安石這才自覺失態，感到非常慚愧。

新法實施之後，引起新舊黨爭。明道身為御史，在八九個月之間，曾上疏數十次議論時政，最後說道：「智者做事，應該像大禹治水一樣因勢利導。自古興治立事，絕無朝廷內外都不贊同而能有成的，何況排斥忠良，沮廢公議，用賤凌貴，以邪干正！即使徼倖略有所成，但興利之臣日見重用，尚德之風日見衰微，並非朝廷之福。」他的意見既未蒙採納，於是請辭言官之職。神宗起初不准，經他上章及面請十多次，甚至閉門不出，才派他提點京西路獄政，但明道固辭，於是改任他為鎮寧軍判官。從此以後，直到他去世時為止，十五年之間，明道都一直在地方任職。

王安石推行新政，舊黨強烈抵制，安石只好起用柔佞之人，弄得天下塗炭。後來明道檢討這段往事，覺得自己這邊的人當時也未免爭執太過；如果他們沒有反對得那麼厲害，也不會激起安石的偏執，以致各走極端，演成黨爭。據他所說，王安石起初也並不十分堅持己見，只因有人激烈反對，引起他的憤怒，才不惜以死力爭於皇帝面前。因此，對於後來的禍患，明道自覺他們這方面也應該分擔十分之二的罪過。

他在後來十多年的地方官任上，也做了不少值得稱道之事，如他在鎮寧軍時，太監程昉奉旨治河，徵調澶卒八百名服役，卻加以虐待，眾卒不堪其苦，逃了回來，群僚畏懼程昉，不敢收容，明道說：「他們私自逃回來，不加以收容，一定會作亂。」便親自前往開門，跟他們約定休息三天以後，再回去服役，眾人歡呼雀躍而入。他在擔任扶溝縣令時，有許多無業游民專門在境內廣濟蔡河勒索過往的船隻，每年必定焚毀十數艘船隻以立威。明道逮到其中的一個人，叫他去勸其他人自首，結果來了數十人。明道赦免他們以往的罪，把他們分配在不同的地方，讓他們挽舟為生，並且替官府留意作壞事的人。從此境內遂不再有焚剽船隻的事件。

在這段期間，他仍然像以往那樣，凡是對民眾有利的事情，都會積極而自動地去做。在鎮寧軍時，有一次曹村決隄，他立刻對郡守劉渙說：「曹村決隄，京師會有危險，請把廂兵交給我，事情也許還有可為。」劉渙果然把鎮印交給他，他於是激勵士卒，奮勇搶救，終於塞住缺口。又有一次，地方發生水災，請求上級發粟救濟，司農要派人來查看虛實，鄰邑為了怕麻煩，都說：「新穀即將收成，不貸也可以。」只有明道不斷請貸，終於貸得穀子六千石，饑者因而得食。扶溝地勢低，每年都有水患，他就擬定了一個挖掘溝洫排水的初步計劃，可惜未及實行就去職了。關於這件事情，他曾說過一番話，從這番話，可以看出他對縣官工作的認識與任事的態度，他說：「扶溝這個地方，要全面挖掘溝洫，必須許多年才能完成，如今我且開個頭，後來的人，看到它有益，就會繼續去做。作為一名縣令，必須使境內之民凶年饑歲免於死亡，飽食逸居之時則有禮義之訓，才算盡了責。所以我在扶溝開設學校，打算聚合邑人子弟而教育他們。這件事情，也是在快完成的時候停頓下來。百里之地的建

設，雖然規模很小，卻關乎治道之興廢。這幾件事情都來不及完成，豈非天命；但知而不為，就不對了。因此，我不敢不盡心。」他在縣令任上，總在座右寫著「視民如傷」四個字，自我警惕，每每說：「我常常愧對這幾個字。」有一次有人問他如何做好地方官，他說：「使百姓盡量表示意見。」正因為他能如此體恤民眾，造福地方，所以他的政聲才會那麼好。

晚年，神宗一度命他回京任官，但李定彈劾他，說他在實施新政之初，帶頭發表異論，因此，又被罷歸原職。後來，他以父親年老為由，請求就近任職，遂受命在汝州監理鹽稅。哲宗即位時，召他回京擔任宗正丞。他還來不及起程，就病逝了。當時才五十四歲。

明道生性敦厚仁慈，又富於樂生的精神，加上修養純熟，識見高超，幾乎是理學家中最為可愛的一個人物。劉立之說他「德性充完，粹和之氣，盎於面背，樂易多恕，終日怡悅，未嘗見其忿厲之容」。可以說是十分貼切的描述。黃宗羲則說他沒事時靜坐著，像個泥塑的人，待人接物時卻渾然一團和氣。朱公掞在汝州見過他之後，回去對人家說：「我在春風中坐了一個月。」

他的這種性格，很早便已顯現出來。當他和伊川還隨侍程父在漢州做官時，有一天，投宿於一座僧寺，他進門後往右邊走，伊川進門後往左邊走，僕從們都跟隨他，而不跟隨伊川。因為他平易近人，而伊川則一本正經。因此，他曾對伊川說：「將來能使師道尊崇的，是你；至於誘導弟子，隨著資質不同都能有所造就的，恐怕還是我吧！」他教導學生，的確也是採取一種主動誘導的作法，他有一次對張橫渠說：「道之不明於天下，已經很久了，一般人都認為自己學到的乃是圓滿無缺的真理。如果一定要像孔門那樣『不憤不啟，不悱不發』，那勢必疏遠了師生的關係，先王之道恐怕就要湮沒不聞

了。順應現在的時勢，應當隨著學生資質之不同，而以不同的方法誘導他們；這樣，他們雖然識見有明有暗，志趣有深有淺，卻可以各有所得，堯舜之道，也才可能昌明於世上。」橫渠採納了他的意見，所以關中學者能夠身體力行先王之道的，絕不少於洛人。

明道之富於樂生精神，則可以從張橫浦所講的那個不芟窗前草的故事看出來，橫浦又說明道還曾用盆子養了幾條小魚，時時觀賞，有人問他在幹什麼，他說：「要看萬物自得的情狀。」這種樂生的精神，使得他無時不滿腔快樂，悠然自得。也正因為這樣，所以他特別注意《易傳》中那個不斷創生的宇宙本體，也特別強調「仁」之「生」的一義。

程頤，字正叔，號伊川，比明道晚生一年，卒於徽宗大觀元年（西元 1107 年），享年七十五歲。

他十五歲時，與哥哥明道一起受教於周濂溪。十八歲時，即上書闕下，勸仁宗皇帝以王道為心，以生靈為念，黜世俗之論，期非常之功。又入太學讀書。當時正逢大儒胡瑗（安定）任太學教授，胡以「顏子所好何學」為題，要學生發抒己見。伊川便根據周濂溪的思想與自己的心得寫了一篇文章，胡看了大吃一驚，立刻接見他，並授予一份學職，同學呂希哲也拜他為師。從此，四方之士從游者日多。

明道在政界浮沉的三十年間，伊川都未曾涉足官場。治平、熙寧年間（他三十二歲到四十五歲），雖然有大臣屢次推薦，他都自以為學問不夠，不願意出仕。有一次，又有人勸他做官，他就說：「等我餓得走不出門時，再作打算吧！」元豐八年，哲宗嗣位，明道病逝。司馬光、呂公著一起上疏推薦他，朝廷遂任命他為西京國子監教授，他卻固辭。次年（元祐元年），又召他進京，任命他為崇政殿

說書，為皇帝講學，他辭謝不准，又覺得這職位頗合自己的志趣，
終於接受下來。當時哲宗還年幼，他就對皇帝的教養問題表示意見
說：「輔養之道，不可不講究，一日之中，接觸賢士大夫的時間多，
接觸宦官宮女的時間少，則氣質自然變化。如今隔一天才為皇上講
一次學，每次不過解釋幾行文句，為益甚少。又自四月罷講，直至
中秋，其間都沒有機會跟儒臣接觸。這樣，恐怕不是古人旦夕承弼
之意。」又鑑於邇英閣迫隘，建議改在崇正殿和延和殿講讀，並讓
講官坐著講課。給事中顧臨反對，伊川答道：「祖宗以來，講官都是
在殿上坐著講學。仁宗的時候，才開始至邇英閣上課，而讓講官站
著講。這只是一時的方便，並不是像你所以為的為了尊君。你以為
這麼做是尊君，其實是不了解尊君之道。」伊川很明顯地是在爭取
師道之尊嚴。

　　他每次為哲宗進講前，必先自行齋戒，深思存誠，希望能感動
主上。他講課時，更常常借題發揮，曉喻哲宗種種為君治國之道。
有一天要講《論語》「回也不改其樂」章，門人看到這章完全未涉及
人君的事，都懷疑他有什麼可講。那曉得他在為哲宗講完文義之後，
接著又說：「士人住在陋巷，一心一意實踐仁義，竟致忘了貧賤。人
君地位崇高，奉養極其完備，如果不知道向學，怎能不被富貴所腐
化？而且顏回有王佐之才，竟過簞食瓢飲的生活；季氏是魯國大害，
卻富比周公。魯君用人，取捨如此，豈不值得後人借鏡？」聽完了
這番話，在場的人，都大為嘆服。

　　伊川容貌莊嚴，即使對皇帝，也不肯假以辭色。那時文彥博以
太師身分輔佐皇帝，終日侍立不懈，皇帝雖然叫他休息片刻，他也
不肯離去。有人就問伊川說：「你對皇上那麼嚴肅，潞公卻那麼恭
敬，到底哪一個比較適當？」伊川回答他說：「潞公是四朝大臣，事

奉幼主,不得不恭敬。我以布衣身分擔任輔導皇帝的重責,不敢不自重。」哲宗漱口的時候,避免把水吐在螞蟻身上。伊川聽人說起,就問哲宗有無其事,哲宗說:「有,我怕傷害了牠們。」伊川就請他擴充這番愛心,使它及於四海的百姓身上。有一天,講完課,還沒告退,看到哲宗隨手折斷一枝柳枝,他馬上告誡哲宗說:「春天草木正當滋長的時候,不可以隨意摧折。」使哲宗很不高興。有一次上課的時候,書中有「容」字,那是哲宗藩邸的嫌名,因此,宦官用黃綾把它覆蓋了起來。伊川在講完這段書之後,就對哲宗說:「人主之勢,不怕不尊,只怕臣下尊之太過,使主上產生驕慢的心理。這都是由身邊侍候的人養成的,不可不戒,希望從今以後各種嫌名、舊名都不要避諱。」此外,對於各種儀式、各種規矩,只要他認為有問題的,都不時提出糾正的意見。呂申公、范堯夫等大臣,曾陪伴皇帝聽講,聽完後,都讚嘆說:「這才是真正的侍講啊!」

這時,士人投到他門下的甚多,他也以天下自任,議論褒貶,無所顧忌。這時蘇軾在翰林有重名,一時文士多歸附他。而文士大多不喜歡拘檢,不免視伊川之所為為迂腐,兩家門下時起爭執,於是分成洛、蜀兩黨,互相對立。他後來又因為哲宗患瘡疹不能上殿的事,責備群臣沒有去探病,導致許多大臣對他不悅。諫議孔文仲因而對他加以彈劾,指他為「五鬼之魁」,應當放歸田里。朝廷遂於元祐二年八月調他為管勾西京國子監。其後,他屢次奏請歸田,都未獲准。元祐五年,程父去世,才順理成章地去職回家丁憂。元祐七年,守喪期滿,詔命授以新職,直秘閣,判西京國子監,他固辭不受,並暢談儒者進退之道。監察御史董敦逸因而上奏,指其中有怨望輕燥之語。五月,改授管勾崇福宮,因病未就職。元祐九年,哲宗開始親政,重申直秘閣西監之命,伊川再辭不就。

　　紹聖年間，由於黨爭，朝廷遂把他放歸鄉里。不久，又把他遣送涪州編管。詔命下來，當天就起程，連向叔母辭別都不准。赴涪州途中，渡漢江時，波濤洶湧，船幾乎翻覆，船上的人都號叫哭喊，只有他正襟安坐如常。事後，同船父老問他如何有這樣的修養，他說：「只不過心存誠敬罷了！」元符二年，在放逐生涯中完成了注釋《易經》的工作，並作了序言。徽宗即位不久，他終於獲赦復官，返回洛陽。門人見他膚髮氣色反而比以前更潤澤健朗。

　　崇寧二年，范致虛又誣告他「以邪說誑行，惑亂眾聽」，於是他的所有著作都被查禁。其後，他搬到龍門南方居住，並且告訴四方學者說：「你們只要奉行所聞所知的道理就行了，不必再到我這裏。」大觀元年，終於病逝在自己家裏，享年七十五歲。病重時，門人對他說：「老師平日所學，現在正好用上。」他答道：「講到『用』，就不對了！」意思是說，道理早已體現於他的生命中，不能再分彼此了，更無所謂「用」它。

　　伊川的性格，跟明道大不相同。明道和易，伊川嚴峻。這點從他們的生平事跡已經可以看得很清楚。他連對皇帝都那麼嚴格，對別人，也就可想而知。「程門立雪」的典故就是出自他跟他的學生身上：游酢和楊時第一次去拜見伊川時，伊川和他們談了一會，就開始閉目養神，游楊兩個人在旁侍立，不敢告辭。過了很久，伊川醒過來，才發現他們還在那兒，就叫他們回家。他們出得門來，發現外面已經積了一尺多深的雪！有一次，門人韓持國陪二程遊西湖。韓家子弟陪著同遊。途中，有些子弟言行輕浮，伊川立即回頭斥責他們說：「你們隨從長者，竟敢這樣放聲談笑，韓家孝謹門風，真要衰微了！」與人論學，有意見不合的，明道會說：「還可以再研究研究。」伊川則直截了當地說：「不對。」

　　他不但對晚輩嚴肅，對平輩也不隨和。明道有時還會說些戲謔的話，他卻永遠謹嚴，和他同座的人，無論尊卑長幼，沒有不跟著嚴肅起來。他在經筵講學時，經筵承受張茂則曾經邀請諸講官到他家裏啜茶看畫，伊川說：「我平生不啜茶，不看畫。」竟不去。有一次，他碰到詩人秦少游，就問說：「『天若知，也和天瘦』是你寫的詞句嗎？」少游以為他很欣賞這一句，就謙虛一番，那曉得伊川竟板起面孔說：「上天尊嚴，豈可任意侮辱！」害得少游當場面紅耳赤。從這兩個例子可以看出：伊川並不止是嚴肅而已，他簡直已經嚴肅到病態的程度了。在他的世界中，文學與藝術是很難存在的──《明道文集》中還有一卷詩，《伊川文集》則連一首詩也見不到。而他的生活中，恐怕也很少歡樂吧！

　　伊川對人的嚴厲態度，基本上，乃是他對自己的態度之延伸。他責己之嚴，較之責人，只有過之，而無不及。有一次，他對張思叔說：「我天生的體質甚弱，三十歲才漸漸強壯起來，四五十歲的時候達到高峰，如今七十二歲，筋骨仍然絲毫無損。」思叔說：「先生是因為先天的體質太弱才格外注意養生嗎？」伊川沉默了一會才說：「我平生以忘生徇欲為深恥。」從他最後這一句話，我們不難想見：「天理」與「人欲」的交戰，必定經常在他的內心裏進行著。也許這戰爭太慘烈了，因此，他的精神不免時時處於緊張狀態中。當然像伊川這種人也有他可敬的一面。譬如他在取予之際就絕不苟且。他被謫的時候，李邦直正在洛陽當府尹，派人送給他一筆路費，伊川卻不接受。赦歸以後，門人問他為什麼不接受。他說：「當時我跟他並不熟，怎麼可以接受？」又有一次呂汲公送給他一筆錢，他固辭不受。當時一位族兄的兒子在他身邊，就勸他說：「不要太過分，姑且收下吧！」他說：「汲公之所以送我錢，是因為我貧窮。汲公當

宰相，可以進用天下的賢才，隨材而任之，這樣，整個天下都可以受到他的恩惠。貧窮的人，何獨我伊川一個，天下貧窮的人太多了！汲公的錢固然很多，恐怕也不能周濟每個人吧！」

他雖然粗衣糲食，但冠襟必整，蔬飯必潔；事奉父親，雖然瑣碎至極的事，也不假手他人；經常受他濟助的人，內外親黨達八十餘口。

明道沒有任何專著。伊川的也只有《易傳》一種。《易傳》之撰寫，雖然極其用心，但由於欠缺訓詁與考據的工夫，望文生義、牽強附會的地方很多，在今天看來，並沒有多大價值。程學之傳世，幾乎全賴二程之語錄。這些語錄，是他們門人所記。後來朱子把它們編輯成《二程遺書》二十五卷，與《外書》十二卷。前後師事過明道與伊川的楊時（龜山），則把它們篩選、改寫，分為十類，名為《二程粹言》。這些語錄，是程學之主體所在。此外，又有人把二程的詩文編成《明道文集》與《伊川文集》，把二程詮釋經書的話編成《程氏經說》。清朝編纂《四庫全書》時，又把以上所有著作合為一輯。這就是我們現在所看到的《二程全書》。

下面對上述著作之內容略作介紹。

一、語　錄

語錄包括《遺書》、《外書》、《粹言》。

1.《遺書》

這是朱熹於宋乾道四年編成，共二十五卷，分為三部分：

　1.第一至第十共十卷，標為〈二先生語〉。

2.第十一至第十四共四卷，標為〈明道先生語〉。

3.第十五至第二十五共十一卷，標為〈伊川先生語〉。

〈二先生語〉，大部分沒有標明是明道講的或是伊川講的，只有一小部分例外：

①卷二，上（呂與叔所記），有部分在某條下注「明」（明道）字，或「正」（正叔）字。

②卷三（謝顯道所記），有部分明示「右明道先生語」、「右伊川先生語」。

③卷四（游定夫所記），小部分在某條下注「明道」或「侍講」（伊川）。

④卷一（李端伯所記）、卷二、卷十（蘇季明所記），有的在行文中加「伯淳（明道）先生曰」、「正叔先生曰」。

根據這些標示，我們得以分辨這一小部分之〈二先生語〉中，那些是明道說的，那些是伊川說的。

〈二先生語〉的最後一卷（卷十），是張橫渠在熙寧十年到洛陽時，與二先生之議論，時間在其餘九卷之前，由於雜有橫渠之議論，故列於最後，並題為〈洛陽議論〉。

〈明道先生語〉，是明道早期學生劉絢（質夫）所說，從中最能窺見明道之思想與風格。

〈伊川先生語〉中之首卷（卷十五），為〈入關語錄〉，是伊川於元豐與元祐年間入關與關中學者論學之記錄。其他，有的知道記錄之人，有的不知。已知者之中，有劉安節（元承）、楊迪（遵道）、周孚先（伯忱）、張繹（思叔）、唐棣（彥思）、鮑若雨（汝霖，一云商霖）、鄒德（久本）、暢大隱（潛道）等。由於非出於一人之手，所錄偶有互相重複或互相出入之處。所記都為元祐元年（西元 1086

年）以後之事。

2.《外書》

有十二篇，是朱子於編完《遺書》二十五卷之後補編者。名為
《外書》之原因，依朱子，是「特以取之之雜，或不能審其所自來，
其視前書，學者尤當精擇而審取之耳」。

3.《粹言》

這是二程弟子楊時用比較文雅的語言將二程語錄加以改寫者，
所謂「變語錄而文之」，但也經過一番取捨，故內容比較精粹，文義
比較明確。至於內容，自有許多跟《遺書》、《外書》重複者。

二、文　集

1.《明道文集》

共有五卷，依次為〈銘詩〉，〈奏疏表〉，〈書、記、祭文、行
狀〉，〈墓誌銘〉等（第五卷收明道應南廟試之策論三篇）。

〈銘詩〉，收有明道不同體裁之詩數十首，這些詩頗有理學家詩
之特色：有理趣而不失美感。

〈奏疏表〉包括明道著名的幾道奏疏：如〈論王霸劄子〉、〈上
殿劄子〉、〈請修學校尊師儒取士劄子〉、〈諫新法疏〉、〈論十事劄子〉
等，從中可以看出明道之政治理想與主張。

〈書、記、祭文、行狀〉中，有〈答橫渠張子厚先生書〉，呂留
良刻本作〈答橫渠先生定性書〉，後世皆簡稱為〈定性書〉。此書討

論工夫問題（「定心」問題），後來收入朱子編的《近思錄》中，是研究明道「修養論」之重要文獻。

2.《伊川文集》

共有八卷：卷一〈奏疏〉，卷二〈表疏〉，卷三〈學制〉，卷四〈雜著〉，卷五〈書啟〉，卷六〈禮〉，卷七〈行狀、墓誌、祭文〉，卷八〈墓誌、家傳、祭文〉。

卷一、卷二，收有幾篇重要劄子，如〈論經筵〉三劄，〈乞就寬涼處講讀奏狀〉等，其中透露了伊川對政治與學術的關係、對人君之教育等問題的看法。

卷三〈學制〉，可以看出他對「教育制度」、「考試制度」等等的主張。

伊川成名的少作〈顏子所好何學論〉，則見諸卷四〈雜著〉。

卷五〈書啟〉，有〈與呂大臨論中書〉，是伊川討論心性問題的重要著作。

卷六〈禮〉，收錄伊川談禮之涵義以及種種儀式的文字，從中可以看出伊川對禮的講究。

卷七、卷八中之〈明道先生行狀〉與〈先公太中家傳〉則為研究明道生平以及程家家世的寶貴資料。

三、《程氏經說》

《程氏經說》，共八卷。

卷一〈易說繫辭〉，卷二〈書解〉，卷三〈詩解〉，卷四〈春秋傳〉，分別闡釋《周易》之《繫辭傳》、《尚書》、《詩經》、與《春秋》

之《左傳》，都是伊川之作品。

　　卷五〈禮記〉，則包括明道之《大學》改本，與伊川之《大學》改本。所謂「改本」，就是經過改動之後的本子。二程認為舊本《大學》文句之次序有錯亂的地方，所以加以改正。

　　卷六〈論語解〉，則又是伊川對《論語》之闡釋。

　　卷七〈孟子解〉，只有篇目，而無內容。據編者之說明，主要是因為所錄「皆後人纂集《遺書》、《外書》之有解者」，故不加複載，而只存其目。

　　卷八〈中庸解〉，晁昭德之《讀書志》歸之為明道著作，朱子卻辨明它是藍田呂大臨講堂之初本、改本。然則，此篇即根本不應列入《程氏經說》。

　　細讀二程經說，自有助於對二程思想之了解，因為一個人的思想，會在不知不覺之間在闡釋別人之思想時流露出來，或竟藉註釋別人的著作而表現自己的思想。

第三章　二程之本體論

〈序論〉中已經說過，理學之基本問題乃是「如何溝通人與宇宙」一問題，又說過，理學對這個問題的答案是「充分發展人類的本性」。並說，為了要闡明這個答案，先後有許許多多理學家各自建立了他們的學說，而這些學說，大致都包含了「本體論」、「心性論」、與「修養論」三大部分。其中「本體論」是論述人與天地萬物之本質的理論，其目的是要闡明人與天地萬物之共同本質，以為彼此之溝通找出一條道路。

關於這點，在理學興起之前，儒、道、釋三家早已有了相當豐富的思想內容，其中佛學的本體論更已達到廣大悉備、精妙絕倫的地步。理學的本體論，便是擷拾以上三家之要旨再加以融合變造而成者。就儒家而言，《中庸》便已勾勒出了一個本體論的粗略輪廓，除了以傳統思想中的「天」為宇宙本體之外，更進一步斷定：「天命之謂性」，「誠者，天之道也；誠之者，人之道也。」而給予人際之溝通以一個可能的基礎。蓋前一句話肯定了人性之出於天，後一句話則肯定了人道之同於天道。人性既出於天，人道既同於天道，而天卻只有一個天，則所有的人的人性與人道便應該是相似的；既然所有的人的人性與人道都相似，人與人之間便有了溝通而為一的可能。

宋明理學中的「理」的思想，便是繼續《中庸》這個思想傳統而發展的。《中庸》雖然肯定了人性之出於天，與人道之同於天道，可是關於天的本質是什麼，人性的內容是什麼，天人相同的程度如何等問題，都還沒有足夠的說明。理學則明白肯定了「天」就是「理」，「性」就是「理」，且肯定了「理」只有一個，「天」在創生

萬物並賦予萬物以「本性」的時候，即以其自身之「理」全體賦予
萬物以作萬物之「本性」。此外，並對「理」之全幅內容，「理」之
特徵、作用，「理」與萬物之關係，發現「理」、實現「理」的方法
步驟等等作了詳盡的說明。人與他人乃至天地萬物如何溝通的問題，
至此才算有了圓滿的解答。而其解答的樞紐，便是它有關「理」的
理論，亦即它的「本體論」。所以「理」的思想實在是整體宋明理學
的重心所在，宋明理學之所以叫做「理學」的原因，也就在這裏。
確立宋明理學有關「理」之理論的，便是二程兄弟。所以二程對宋
明理學、乃至整體中國思想之貢獻，可說相當重大。

　　二程兄弟有關「理」的思想，既豐富，又複雜，而且還有若干
費解的地方，以下且就幾個要點逐步加以陳述。有人曾以二程對
「理」的論述上之重點與方式之不同，而把他們兩兄弟對「理」的
論說講成全然不同的兩套理論，但筆者卻以為二程對「理」的看法
並無根本上的不同，因此，下文完全把它當作同一套理論而加以陳
述。

一、「天」就是「理」

　　理學固然是擷拾儒、道、釋三家思想加以融合變造而成，但畢
竟是以儒學為主體，是儒家思想在吸收了釋、道二家的思想養分之
後的進一步發展。二程的本體論，基本上，也是儒家傳統本體觀的
繼續。他們的「理」說，有許多地方都是把舊有的學說加以引申、
增添、乃至改造而成。他們心目中的宇宙本體，便是從傳統思想中
的「天」、「帝」轉化出來的。「天」、「帝」，在中國古代思想中，原
是指至上神而言。這個至上神，是像人這樣有知識、有感情、有意

志的一種存在。換言之，他乃是一個人格神。在孔子和孟子的思想
中，「天」、「帝」仍保有這樣的面貌❶。在《中庸》裏，「天」已有
轉化為形上學上的本體之跡象❷。但那時，並未對「天」的內容作
明確的規定。到了二程，終於明白地把「天」、「帝」判定為「理」。
如明道說：

> 天者，理也；神者，妙萬物而為言者也；帝者，以主宰事而
> 名。❸

依照他這個說法，則所謂的「天」、「神」、「帝」，都不外乎是
「理」。「神」，是就其「妙萬物」而言，「帝」，則是就其「主宰事」
而言，其實都是指同一個對象。

---

❶ 如《論語‧八佾》「王孫賈問曰：『與其媚於奧，寧媚於竈，何謂也？』子
曰：『不然，獲罪於天，無所禱也。』」——天是像人一樣的存在，因此，
人可以得罪於他，他也可以降罪於人。又如《論語‧憲問》「子曰：『不怨
天，不尤人；下學而上達。知我者其天乎！』」——天是一個能認知的存
在。《論語‧雍也》「子見南子，子路不悅。夫子矢之曰：『予所否者，天
厭之！天厭之！』」——天有好惡。孟子心目中的「天」，也還沒有完全消
除傳統至上神之色彩，如他說：「若夫成功則天也，君如彼何哉？強為善
而已矣。」（《孟子‧梁惠王下》）這個「天」，隱隱還有「主宰者」之意
味。

❷ 有人很肯定地說《中庸》中的「天」已全然是形上學的本體。對這點，本
人有所保留。依「天命之謂性，率性之謂道，修道之謂教」，只能說《中
庸》作者已開始把倫理（道）之根源從「天」轉移到「人」身上，而
「天」究竟是否有人格的至上神，已經不是那麼重要，他原來的那個面貌
也已模糊起來。

❸ 《二程遺書》，第一一，頁一一。

不但「天」、「帝」、「神」都是「理」，「易」、「道」、「性」等等，也都是「理」。明道說：

> 上天之載，無聲無臭之可聞。其體，則謂之易；其理，則謂之道；其命在人，則謂之性；其用無窮，則謂之神。一而已矣！❹

「易」，是就其實體而言；「道」，是就其理而言；「性」，則是就其賦予人而存在於人身上而言；「神」，則是就其作用而言。所指的，都是作為宇宙本體的「理」。

有人問伊川，「天道如何？」他答說：「只是天理。理便是天道。且如說皇天震怒，終不是有人在上震怒，只是理如此。」❺這已經把傳統上那個帶有人格的至上神完全否定掉了。

把「天」、「帝」判定為「理」，乃是儒家在思想上向前邁進了一大步。

那麼，「理」究竟是什麼呢？

二、「理」是現象世界之所以然

伊川說：「『一陰一陽之謂道』，道非陰陽也，所以一陰一陽者道也。」❻又說：「離了陰陽便無道；所以陰陽者是道也。陰陽，氣也。氣是形而下者，道是形而上者；形而上者，則是密也。」❼

---

❹　《二程粹言》，第一，頁一。
❺　《二程遺書》，第二二，上，頁九。
❻　同❺，第三，頁八（標明為伊川語）。

這兩段話，告訴了我們兩個要點：

第一，「道」是陰陽二「氣」之所以然。

第二，「道」是形而上者，「氣」是形而下者。

那麼，「道」是什麼？「氣」又是什麼？

從上文我們已經知道：「道」也就是「理」。它只是「理」的另一個名稱。因此，說「道」是「氣」之所以然，就等於說「理」是「氣」之所以然。然則什麼是「氣」呢？依二程之思想，「氣」就是構成宇宙萬物的基本材料，宇宙萬物都是「氣」所構成的；萬物之不同，一方面在於它們所由構成的「氣」有品質上的不同（如有的粗、有的細、有的清、有的濁），一方面在於它們身上的「氣」有結構上的不同。但基本上萬物都是「氣」。「氣」可以代表宇宙萬物。（以上這個看法，其實並非二程特有的看法，而是理學共同一致的看法。）由此，我們可以進而論述第二點：「道」是形而上者，「氣」是形而下者。

這「形而上」、「形而下」的「形」，就是指形象、形跡而言。「形而下者」，就是具有形象、形跡的事物；「形而上者」，就是超乎形象、形跡以上的東西。再講得更明確一點，「形而下者」，也就是感官所能覺知者；「形而上者」，也就是感官所不能覺知者。「形而上者」，既不是感官所能覺知的，所以伊川謂之為「密」。

依伊川，「理」是「氣」之所以然；「形而上者」是「形而下者」之所以然。明道也有同樣的看法，譬如他說：「冬寒夏暑，陰陽也，所以運動變化者，神也。」❽「冬寒」是陰，「夏暑」是陽。冬去夏來，就是一種「運動變化」。「神」，則是這種運動變化之所以然。而

---

❼　同❺，第一五，頁一四。

❽　同❺，第一一。

「神」也就是「天」，也就是「理」。

那麼，所謂事物之「所以然」是什麼意思呢？

照字面的解釋，「以」，就是「因」；事物之「所以然」，就是事物之「所因而然」，也就是使事物成其為如此如此之事物者。

這是就字面來講。就二程之思想來講，則「所以然」似有以下幾層意思。

第一，事物之「所以然」，就是事物之所由生。

第二，事物之「所以然」，就是事物之原型。

第三，事物之「所以然」，就是事物之規範。

茲分別闡述如下。

三、「理」是生生不已的本體

明道說：「『生生之謂易』，生生之用，則神也。」 ❾

上面說過，「易」指天之作為實體的一面而言，「神」則指其作為作用的一面而言，其實一樣。可見這裏的「易」與「神」仍是指「理」。依明道，這個「理」是生生不已的。明道還說：「『生生之謂易』，是天之所以為道也。天只是以生為道。」 ❿ 天之所以為天，正在於其生生不已；不生，即不足以為天。而「天」，亦即是「理」。所以，伊川乾脆說：「生生之理，自然不息。」 ⓫

生什麼呢？「所以陰陽者，是道也。」生的自是「氣」。關於這點，二程本身沒有說得很明確的話，我們不妨拿他們的紹續者朱子

---

❾　《二程遺書》，第一一，頁八。

❿　同❾，第二，上，頁一二。

⓫　同❾，第一五，頁一八。

的話來作個補充。朱子的話，是講得很清楚的，譬如他說：

> 氣雖是理之所生，然既生出，則理管不得……⓬
> 氣之已散者，既散而無有矣，其根於理而日生者，則固浩然
> 而無窮。⓭

　　依此，「理」與「氣」的關係，乃是一種「能生」與「所生」的關係；「理」是能生，「氣」是所生。但「理生氣」這個概念乃是一個有問題的概念。因為照上所說，「理」乃是宇宙之本體，乃是超乎形象、形跡以上者；「氣」則代表萬物，是有形象、有形跡的東西。「理」與「氣」之關係，乃是「本體」與「現象」之關係。「形而上」的本體如何生「形而下」的現象呢？須知「生」原是指從一個有形質的東西分化出另一個或數個有形質的東西──無論是母生子、草木生果實、身體生毛……都是一樣──「本體」既沒有形象、形跡，如何能生呢？所以「理生氣」無論怎麼說，都是說不通的。它頂多只能看作一種比喻的、象徵的說法。二程之所以會有這樣的說法，乃是拿《易傳》的舊瓶裝理學的新酒之結果。《易傳》之談天地生萬物，是把天地看作有實質的東西而談的，二程既已分判了形上與形下，卻又沿襲舊說而大談「理」之「生生不已」，也就難怪要陷於自相矛盾了！

　　就本體與現象之關係而言，說本體「生」出萬物，實不如說它「表現」而為萬物來得妥當。因為相對於本體的「現象」，原就是指「本體所現之象」而言。本體乃是一種永恒的東西，它可以表現而

⓬　《朱子語類》，卷四。

⓭　同⓬。

為現象，也可以不表現而為現象；當其表現而為現象時，便有所謂的宇宙萬物呈現，但當它不表現的時候，萬象固然沒有了，它卻仍然自爾存在著。現象只是本體所現之象，它原是與本體不異的，只是它係處於顯態，而本體則不然罷了——所謂顯與隱，乃是指能不能成為感覺之對象而言。基於這麼一個了解，我們可以說二程說的「理生生不已」這句話，其真正的含義應為「理能不斷表現而為可感知的萬象」才對。

四、「理」是事物之原型

依二程之思想，「理」除了是事物之所由生之外，又是事物之「原型」。「理」的這個意義，可見於伊川如下的一段話：

> ……且如立宗子法，亦是天理。譬如木必從根本直上一幹，亦必有分枝；又如水雖遠，必有正源，亦必有分派處：自然之勢也。❹

所謂「宗子法」，大概就是與「嫡長子繼承制」有關的一套規定。「立宗子法，亦是天理」，應該就是「立宗子法，亦是合乎天理的」，或「立宗子法，亦是有天理作為它的依據的」之略說。在這裏，「天理」便是被視為事物之「原型」（或「範型」）的東西。「宗子法」合乎「理」，或有「理」作為其依據，便是合乎某一「原型」或有某一「原型」為其依據的意思。以伊川所舉的例子來講，樹木必自根一直往上長成一幹，亦必有許多分枝，這是樹木生長的模式。

❹ 《二程遺書》，第一八，頁四四。

水必從一個源頭發出，必有一主流，亦必分出若干支流（派），這是水之流行的模式。這兩個模式是類似的兩個模式，事實上，它們都是根據同一個「原型」而來的。伊川便從這裏推出人類發展的模式，而斷定人類亦必有一最初的根源，也必有一個傳承的主幹，同時也必須不斷從這主幹分出許多旁支，這便是「宗子法」所要規定的，這規定合乎那個共通的「原型」，故說「立宗子法，亦是天理」。

其他類似的說法還有：

> 五德之運，卻有這道理。凡事皆有此五般，自小至大，不可勝數……⓯
> 天下物，皆可以理照，有物必有則，一物須有一理。⓰
> 物皆有理，如火之所以熱，水之所以寒，至於君臣父子之間，皆是理。⓱

這些都是說事物之為如何如何，都有一個「原型」作為它的依據。有如此如此的一個「原型」，才能有如此如此的一項事物。

從「原型」，又可以引申出「規律」之意，因為有「原型」為本，事物之結構、運動等等，便不能胡亂為之。

馮友蘭在其《中國思想史》中談到理學的「理」與「氣」時，曾拿希臘哲學中之「形式」(form) 與「質料」(matter) 來比擬；說「理」相當於「形式」，「氣」相當於「質料」。這個看法，衡諸我們前面之所言，只能算部分正確：說「氣」相當於「質料」，大體沒有

ⓕ 同⓮，第一九，頁一二。

ⓖ 同⓮，第一八，頁九。

ⓗ 同⓮，第一九，頁一。

問題；但說「理」相當於「形式」，則只有就這裏所說的「理」的這個意義（原型）而言，是正確的；如果就「理」是「氣」之所由生這意義而言，就不對了。因為在柏拉圖的思想中，「形式」與「質料」是無始以來就並立之二物，「質料」並不是從「形式」發生出來的，但在二程，「氣」卻是由「理」所生；「氣」代表現象界，「理」代表本體界。

五、「理」是事物之規範

「理」，除了是事物之「所由生」與「原型」之外，又是事物之「規範」。想了解這點，請先看如下的一段話：

> 夫有物必有則。父止於慈，子止於孝，君止於仁，臣止於敬。萬物庶事，莫不各有其所。❶⑧

依此，「理」顯然又是道德判斷之準則。上述的「規範」，便是指道德準則而言。「規範」雖與前述的「原型」有相似的地方，卻有一個很重要的差別。那就是「原型」所涉及的乃是事物之「實然」，「規範」則涉及事物之「當然」。也就是說，「原型」只規定事物之「為」如何如何，「規範」卻規定事物之「應該」如何如何。「原型」只與「事實」有關，「規範」則與「價值」有關。由此看來，二程的「理」，不但是「物理」、「生理」、「心理」……等科學原理，而且還是「倫理」、「義理」等道德原理呢！不止如此，我們最後終將看出：事實上，它竟是以後者為主呢！其實這並不足以為異，因為儒家的

❶⑧ 《二程易傳》，卷四，〈艮象辭傳〉。

宇宙觀本來就是這樣：第一，它始終不區分事實的世界和價值的世界；第二，它始終把宇宙視為帶有道德價值的一個存在，更直截地說，它根本認為宇宙本身就是善良的！《中庸》「誠者，天之道」這句話，便透露了這個信息。因為「誠」原是一項道德準則，《中庸》拿這個字來形容天道，顯然認定天道為善。這種思想，在二程思想中有很明白的表示。譬如明道說：

> 「一陰一陽之謂道」，自然之道也。「繼之者善也」，有道則有用，「元者善之長也」。……❶❾

「一陰一陽之謂道，繼之者善也……」，是《易·繫辭傳》上面的話。明道加以解釋說：「一陰一陽之謂道」的「道」是指「自然之道」而言；「繼之者善也」，則是指「道」之作用而言。依此解釋，可見在明道之心目中，「道」之作用乃是善的。而照我們前面所說，「道」，不過是「天」、「理」之異名。

這個善的「天」、「道」之作用，在明道看來，也就是「天」、「道」之「生生」的大用。他的一段話說：

> 「天地之大德曰生」，「天地絪縕，萬物化醇」，「生之謂性」，萬物之生意最可觀，此「元者善之長也」，斯所謂仁也。❷⓿

「天地之大德曰生」與「天地絪縕，萬物化醇」，這兩句，都是《易·繫辭傳》中的話；「生之謂性」，則是《孟子·告子篇》中的

---

❶❾　《二程遺書》，第一二，頁一。

❷⓿　同❶❾，第一一，頁三。

話。三者談的都是有關「生」的事情，所以明道引來指謂他心目中的「天」、「道」之生化作用，最後則評之曰：「此『元者善之長也』」。按：「元者善之長也」是《易‧文言傳》中的話，是用以讚美「乾元」的「大哉乾元，萬物資始」，「乾元」是萬物賴以肇始（資始）的東西。在明道，它也就是「天」、「道」之「生生」的作用。在他，這「乾元」直是善之首長。

「天」、「道」之作用是善的，「天」、「道」之本身自不會是惡的，「天」、「道」之賦予人而存在於人，便是「性」，故「性」也是善的。

> 性無不善，而有不善者，才也。性即是理，理則自堯舜至於途人一也。㉑

關於性善，下文論述二程心性論時，將會詳細加以討論。

以上是「所以然」的三層含意。綜觀這三層含意，我們可以肯定地說：二程的「理」，毫無疑義地就是西洋哲學中用「實體」(substance)、「本體」(noumenon)、「實在」(Reality) 等名詞所指謂的那個東西。如果以希臘哲學中的「四因說」來比附，則可以說：二程這「理」，至少也兼有「形式因」、「究竟因」二因之地位。二程對「理」這個宇宙本體的看法，還有許多跟西洋哲學、乃至佛學之看法相契之處，以下且舉出比較重要的幾點為例。

㉑　同⑲，第一八，頁一七。

六、「理」是自然而然的

所謂「自然」，可以有兩個意義；這兩個意義雖有不同，卻可以相通。第一是與「人為」相對，表示並非出於人或其他有意志的東西（如神）之製造或安排。如明道說：

> 天地萬物之理，無獨必有對，皆自然而然，非有安排也。❷

這所謂的無獨必有對，就是指像陰陽、明暗、動靜、是非……等等的對立。現象，無獨必有對；作為現象之所以然的理，亦是無獨必有對。但這都是出於自然，不是人或神故意造作營為之結果。

第二個意義的「自然」，則是指「自己使自己如此，不是憑藉任何外在力量而如此」而言，甚至指「不是從其他事物而來」而言。這個意義，可以從以下的一段話看出來：

> 「一陰一陽之謂道」，自然之道也。……亦無始，亦無終；亦無因甚有，亦無因甚無；亦無有處有，亦無無處無。

「亦無因甚有，亦無因甚無」，就是說「道」（理）既不因為任何外在事物而有，亦不因為任何外在事物而無。其所以如此，正是由於它是因為自己而有。換句話說：它是自因自緣，「自本自根」的。

也正由於這樣，它才得以永恆存在。「亦無始，亦無終」，正是

❷ 同❶，第一一，頁四。

表示其為永恆。「亦無有處有，亦無無處無」，則是說「理」並不因為表現而為現象才存在，也不因為不表現為現象就不存在，仍然說的是「理」之永恆。不但如此，它也不會因為事物體現或不體現它而有所增減。所以程子說：

> 百理俱在，平鋪放著。幾時堯盡君道，添得些君道多？舜盡子道，添得些孝道多？元來依舊。㉓

七、「理」是必然的

「理」不但是自然的，且是必然的。這點，可以見於如下語錄。

> 夫天之生物也，有長有短，有大有小。君子得其大矣，安可使小者亦大乎？天理如此，豈可逆哉？
> 服牛乘馬，皆因其性而為之。胡不乘牛服馬乎？理之所不可。㉔

事物之形態、性質、功能……都是「理」所規定的；這些規定都不可違逆。「理」之必然性，在此表現得十分清楚。

有一次，韓持國跟伊川在談話，忽然嘆息說：「又到黃昏了！」伊川說：「這是常理，一向都是如此，為什麼嘆息呢？」韓說：「年老的人就要死啦！」伊川說：「你可以不要死啊！」韓說：「怎麼能不死呢？」伊川於是說：「既然不能不死，就乖乖去死吧！」㉕

㉓　同⑲，第二，上，頁一四。

㉔　同⑲，第一一，頁一〇。

日有朝暮，人有生死，都是「理」使然的，其勢不可逆，所以老而該死，雖不甘心，也無可奈何。「理」之必然，在這裏顯得特別嚴峻。

以上所說的「理」之幾項特徵，可說是古今中外之本體論共通的，並沒有什麼奇特之處。但下面所要談的一點，卻只能在有數的幾種學說中看到。

八、「理」只有一個，但萬物都完具此「理」

關於「理」只有一個，伊川說：

> 天下只有一箇理。❷❻

又說：

> 一人之心，即天地之心；一人之理，即萬物之理。❷❼

此外，《二程遺書》，第二，也有一條說：

> 理則天下只是一個理，故雖至四海而皆準，須是質諸天地、考諸三王不易之理。

❷❺ 同❶❾，第二一，頁四。
❷❻ 同❶❾，第一八，頁一一。
❷❼ 同❶❾，第二，上，頁一。

　　至於萬物皆完具此理，同篇中之一條說：

　　　　所以謂萬物一體者，皆有此理。只為從那裡來，「生生之謂
　　　　易」；生則一時生，皆完此理。

　　這是說我們之所以說萬物為一體，乃是由於它們都具有這個
「理」的緣故。至於它們之個個具有這個「理」，則是因為它們都從
「理」產生出來，而在它們從「理」產生出來的時候，「理」又整個
附託在它們每一個身上而為其所具有。

　　此中「只為從那裏來」的「那裏」，指的是「理」，這從前文所
述的「理產生萬物」之說以及下面緊接的「生生之謂易」一句話都
可以推斷出來——「生生之謂易」講的正是「理」之不斷產生萬物。

　　關於每一個個體都具有全體之「理」，程子又說：

　　　　「不能反躬，天理滅矣。」天理云者，百理俱備，元無少欠，
　　　　故反身而誠。㉘

又說：

　　　　「萬物皆備於我」，不獨人爾，物皆然：「都自這裡出去。只
　　　　是物不能推，人則能推之。雖能推之，幾時添得一分；不能
　　　　推之，幾時減得一分。」㉙

㉘　同㉗，頁一四。
㉙　同㉗，頁一六。

　　第一條所說的「反躬」，「反身而誠」，顯然是指個人的反省而言。由此可見其所謂的「百理俱備」乃是俱備在個人身上——正因為是俱備在個人身上，所以只要反躬自省，就可以得之。第二條告訴我們「百理俱備」，不但在人是如此，在物亦是如此。「萬物皆備於我」原是孟子的話，這裏是借用以表「全體之理皆具於我身」之意，跟「百理俱備」意思完全一樣。

　　二程這兩段話，有兩點令人費解的地方。其一就是「理」在生出萬物之後，又整個附託在它們身上而為其所具有。另一點則是唯一的「理」居然同時為千千萬萬的個體所具有。

　　要解釋這兩點，得先知道二程這些思想之由來。

　　照我們的了解，二程這些思想乃是從佛教天臺、華嚴二宗之形上學轉化而來的。

　　天臺宗認為作為宇宙本體的「如來藏」（真如）之中含藏得有一切「法性」（事物之潛能），而一一「法性」又各自含藏著無量無邊之「法性」。故每一「法性」之內容實即等於「如來藏」全體之內容，而現象界的每一個別事物（法）也應該就是整體如來藏所作的表現。華嚴宗也認為現象世界之每一事物都是「真心」（宇宙本體）之全體的表現。譬如它說：

　　　　且如見山高廣之時，是自心現作大，非別有大；今見塵圓小
　　　　之時，亦是自心現作小，非別有小。今之見塵，全以見山高
　　　　廣之心而現塵也。❸⓿

　　這種思想，便是上述二程那些話的張本。而天臺、華嚴的這種

❸⓿　見馮友蘭著《中國思想史》，頁七四一。

思想則是佛教「緣起論」之推演到極致的結果。根據佛教「緣起論」,任一事物都是由若干事物作為其因緣(條件)而形成的,作為此事物之因緣的每一事物又各以若干事物為其因緣而形成。這個說法一直推演下去,便可以得出這麼一個結論:世上任一事物都直接、間接地以其他一切事物為因緣而成立。因此,這個世界便成了一個牽一髮而動全身的有機體;其中任一個體都以某種特殊方式參與其外所有的個體而成為其不可或缺的因素,同時,其外之所有個體也都各以某種方式介入此一個體之中而成為其構成要件;「一在一切,一切在一」,每一個體身上都以其獨特的樣式反映了世界之全體。這種思想表現於本體觀上,便成了上述天臺、華嚴那種特殊的本體觀。

二程所持的「萬物身上都完整地具備了天下唯一的理」的思想,便是從這種本體觀轉化而成的。其中,「理」相當於天臺的「如來藏」或華嚴的「真心」,「萬物」相當於二宗的「諸法」。不過,在二宗,諸法是「如來藏」或「真心」之「表現」,在二程,萬物則是「理」之所「生」。諸法是「如來藏」或「真心」之表現,則諸法是「相」,「如來藏」或「真心」是「體」,諸法可以共同地以同一「如來藏」或「真心」之全體為其「體」而不生困難。但萬物從同一的「理」生出而又各具此同一的「理」,就有點講不通了。這是二程把佛學中的東西落在《易傳》原有的架構中去講而產生的困難。而歸根究底,這困難之產生的原因仍在於一個「生」字上。上面已經講過,「生」在這個地方只能當作一種比喻,一種象徵,如果當真照字面的意義去了解,便難免窒礙不通了!正因為如此,所以後來的朱子遂有一種傾向,即盡量把一切與運動有關的概念,如「動」、「靜」等,從「理」身上抖落掉(「運動」是現象界的事,「生生」也是一種運動),而「理」之「生生」一義以後在朱子口中也漸漸少提了!

職是之故，我們如果想化除二程說法中之困難，唯一辦法，還是在把「生」字還原成為「表現」。這麼一來，我們便可以說：所謂「理在生出萬物之後，又整個附託在一一事物身上而為其所具有」，其實只是理在表現而為一一事物的時候，都以其整體作為一一事物之本體的意思——這樣，從某一個意義來講，也可以說每個事物都完整地「具有」它。如此，存在於二程說法中的那兩個困難便可以消失於無形了！

　　至於為什麼我們認定二程的這個思想來自佛學，則有三個理由可說：

　　第一，「理生出萬物而又整個為個別事物所具有」與「如來藏或真心以其全體表現而為每一個別事物」這兩種說法之間有明顯的相似。

　　第二，「理生出萬物而又整個為每一個別事物所具有」的思想，在天臺、華嚴二宗未出現前的中國原有思想中找不到先例。孟子說我們的心性是天之「所與我者」，《中庸》說「天命之謂性」，頂多也只能夠解釋做「天」或「道」把它自身的一部分賦與個別事物，是絕對不含有把它整個都給與每一事物的意思的。老莊的「道」與「德」的關係，也與儒家的「天」與「性」的關係類似。「理只有一個，而又完整地為一一事物所具有」的這個思想，惟有以佛學關於部分與全體之關係的那種特殊看法為基礎，才可能成立。（佛學的這個看法，便是「每一部分都含攝了全體」。）而佛學這種特殊看法在中國則絕無前例。

　　第三，天臺、華嚴等思想出現於二程之前，而二程顯然精通華嚴等佛學思想。❸

---

❸　《二程粹言》，第一，有一條記載說：「或問釋氏有『事事無礙』，譬如鏡

綜合這三點，我們可以很有把握斷定二程的上述思想是來自佛學。

此外，關於「理只有一個」，還有一個問題，那就是這思想與二程有時所說的「火有火之所以然，水有水之所以然，君有君之所以然，子有子之所以然……」（如前引的「物皆有理，如火之所以熱，水之所以寒，至於君臣父子之間，皆是理」）。的說法，有無衝突？我們說這是不衝突的。不管是火也好，水也好，君、臣、父、子也好，每一個都是整體之「理」的表現。「理」以其整體表現而為「火」、為「水」，亦以其整體表現而為君、臣、父、子。就「火」是「理」所表現而成者而言，我們便說「理」是「火」之所以然；就「水」是「理」所表現而成者而言，我們便說「理」是「水」之所以然。君、臣、父、子亦然。所以儘管從一一個體之「然」以推究其「所以然」時，由於一一個體均有其「所以然」，遂顯得好像有許多「理」似的，但實際上，「理」卻仍然只是一個。就好像由同一個母親所生的幾個子女，每個人說來都有一個母親，但實際上他們的母親卻是同一個。

另外一個問題是：「理」既然只有一個，而每一個體又都同以這個「理」為其本體，那麼，為何個別事物之間會有差異？這個問題，我們可以代替二程回答說：「理」固然只有一個，但它卻有無窮無盡的內容；它雖然有無窮無盡的內容，但它的表現──「氣」，卻是帶有時間性與空間性的東西，這種東西自有其局限性，因此，它無法一下子把「理」的所有內容統統表現出來；每一個由「氣」所構成的個別事物，都只能表現整體的「理」之一個側面。這就是個別事

燈，包含萬象，無有窮盡也。此理有諸？子曰：佛氏善侈大其說也，今一言以蔽之，曰萬物一理耳。」「事事無礙」即為華嚴宗說法。

物之所以會有差異的原因。但「側面」(aspect) 與「部分」(part) 不同，「部分」是整體的若干分之一，「側面」卻是整體對某一特定觀點所呈現的一個樣子，它仍然是一個整體。當然這些「側面」都是「理」所固有的，它有這麼一個「側面」，才可能有相應於這個「側面」的一類現象世界的個體。二程有時也在方便上把對應於一類特定個體的「理」之該一「側面」稱為「理」，如君道、臣道、父道、子道（「道」即「理」）、火之理、水之理等等。這可以說是第二義的「理」。就這種第二義的「理」而言，「理」當然可以是多數的，這就是前面所看到的 「百理」 之說法的由來。但這並不是究竟義的「理」，故就這種意義而言的「理」之多數與就第一義而言的「理」之單數，並不衝突。

就第二義而言的「理」，也就是上文解釋作事物之「原型」的那種「理」。

九、「理」（本體）與「氣」（現象）不一、不異

關於「理」與「氣」之關係，明道強調其「不異」的一面，伊川則強調其「不一」的一面。但這並不是如某些人所以為的有什麼衝突。相反的，這兩種說法正表明了一件事情的兩面，這兩面合起來，才是事情的完整真相。

關於理、氣之不異，明道說：

《繫辭》曰：「形而上者謂之道，形而下者謂之器」，又曰：「立天之道，曰陰陽⋯⋯」，又曰：「一陰一陽之謂道」。陰陽亦形而下者也，而曰道者，惟此語截得上下最分明。元來只

此是道，要在人默而識之也。**❸❷**

　　這段話的意思是：《易‧繫辭傳》說「形而上的叫做道，形而下的叫做器」，又說「立天之道叫陰與陽」，又說「一陰一陽叫做道」。陰陽也是屬於形而下的東西，而竟說它是道，這話把形上形下的關係表示得再好不過了——原來只陰陽（此）便是道，就看我們能不能在陰陽上認取它罷了！

　　可見在明道，「理」與「氣」並不是截然不同的二物，這是因為在他眼中「氣」不過是「理」的表現，「理」與其「表現」，當然不是不同的二物。另一方面，從他提到「形而上者……，形而下者……」看來，可以知道他心中也是有本體與現象兩個世界之分的。要不然他便不會批評張橫渠之本體概念說：「形而上者謂之道，形而下者謂之器。若如或者以清虛一大為天道，則乃以器言，而非道也。」

　　《二程粹言》第二，也有一條表示了形上、形下不二的意思：

> 劉安節問曰：孝弟之行何以能盡性至命也？子曰：世之言道者，以性命為高遠，孝弟為切近，而不知其一統，道本無本末精粗之別，灑掃應對，形而上者在焉。

　　「灑掃應對」等孝悌之行，即是「性」、「命」之表現——「在天為命，在人為性」。「灑掃應對」，是形而下者；「性」、「命」是形而上者；形上形下不二，故「灑掃應對，形而上者在焉」。

　　關於「理」、「氣」之不一，伊川說：

---

❸❷　《二程遺書》，第一一，頁一。

> 離了陰陽更無道。所以陰陽者道也；陰陽，氣也。氣是形而
> 下者，道是形而上者；形而上者，則是密也。

這段話前文已經引過。但這段話中也說：「離了陰陽更無道」，
並不能離了陰陽去另尋一個道：形而上者也只能在形而下者身上認
取。事實上，伊川也跟他老哥一樣，認為形上形下是「一貫」。如他
說：

> 沖漠無朕，萬象森然已具；未應不是先，已應不是後，如百
> 尺之木，自根至枝葉，皆是一貫。❸

「沖漠無朕」指本體，「萬象」指現象。「沖漠無朕」之中，即
已隱然完具了「森然萬象」；兩者不過是一隱一顯之別，不過是「未
應」、「已應」之別；然而它們卻是「一貫」的。

主張形上、形下之不二，有一個很重要的意義，那就是肯定現
實世界之價值，肯定「此世」之價值。這是中國人一向的人生態度，
可說根深蒂固，絕不動搖。正因為如此，原是厭世的佛教，傳到中
國之後，也不得不做根本的改變，轉而肯定塵世之價值，而有禪宗
「搬柴運水，無不是道」，「平常心是道」等說法。但佛教畢竟還主
張「出家」，理學則更進一步，認定聖人必須於人倫日用中修成：不
但現實世界有其正面價值，現實世界中之家庭、社會更有其正面價
值。理學之所以為儒學之復興，原因正在於此。這點，跟理學之特
別著重「理」中之「倫理」，道理是一貫的。

關於二程之「理」，還有兩點可說，不過這兩點分別涉及二程之

---

❸ 同❷，第一五，頁八。

「心性論」與「修養論」，等談到這兩部分的時候，再來詳細討論，現在只把要旨略述如下：

一、「理」便是我們的本「性」；本「性」之表現，便是我們的行為（廣義的——包括種種感情）；本「性」如表現得恰到好處（正），我們的行為便為「善」；行為為「善」，我們便可以與天地萬物和諧協調，即達到與宇宙合一的境界。

二、我們對「理」的知識，乃是先天固有的，基本上，必須反求諸己，不可一味向外追尋。

以上已經對二程之「理」觀，做了一番全面的陳述。接著讓我們來談談這些思想之由來。

由於二程思想基本上屬於儒家系統，所以先讓我們看看這思想在以往的儒家思想中有什麼依據。

首先，我們知道「理」這個字遠在先秦時代就已經出現於儒家典籍了，如《孟子》的「義理之悅我心，猶芻豢之悅我口」❸❹，《易傳》的「窮理盡性以至於命」❸❺，就是明顯的例子。這當是二程「理」的概念在儒家典籍中的最早淵源。此外，《詩經》「天生烝民，有物有則」的「則」字，《書經》「天敘天秩」的「敘」字，在字面上雖與「理」字不同，但其涵義（律例，秩序）卻也是二程的「理」字所具有的。以上數處，都曾為二程所提及，甚至闡述過❸❻。

---

❸❹　《孟子・告子上》。

❸❺　《周易・說卦傳》。

❸❻　如：①「人心所同然者何也？謂理也，義也。」（《二程外書》）
　　　②「理也，性也，命也，三者未嘗有異。窮理則盡性，盡性則知天命矣！」（《二程遺書》，第二一，下）
　　　③「《詩》曰：『天生烝民，有物有則』……萬物皆有理，順之則易，逆之則難。各循其理，何勞於己力哉？」

其次，二程「理」身上所帶有的那層強烈道德意味，不用說一定是從儒家來的。因為在儒、道、釋三家之中，惟有儒家把宇宙本身視為一種道德的存在。這點上文已有論列，茲不復贅。

第三，二程之把普遍「形式」（「理」的一個意義是事物之「原型」與「規律」；「原型」與「規律」，即是一種普遍的「形式」）視為比特殊的、具體的事物更根本、更實在，則是受到當時所謂的「象數之學」的影響。「象數之學」發端於兩漢《易緯》，《易緯》則是儒家與陰陽思想之混合。

此外，二程視「理」為「生生之機」，乃是《易傳》使然。這在上文也已經說過。

以上是二程「理」觀與儒家的關係。以下再來看看其與佛學的關聯。

第一，他們所主張的「萬物皆出於理，但萬物在從理產生之後又都具有此理之全體」這思想，乃是天臺、華嚴思想之儒家版。這一點前面也已經說過了，這裏也不再重複。值得注意的是，二程關於「理」的這個看法正是其「理」的思想之最不同於以往的「理」的思想的地方，而這特點，則是在他們吸收了佛學之成分以後才形成的，佛學思想在他們思想上所佔的分量，於此可見。

第二，他們對於「理」、「氣」關係所持的「不一、不異」的看法，直接的來源也是佛學。在以往只有佛學才曾經對兩者之關係有過這樣的明確說法。——其最完整的陳述，就是華嚴的「四法界」說。其中，「理法界」是本體界，「事法界」是現象界。「理法界」與「事法界」對開，表示了兩者之「不一」。但華嚴宗在開出「理法

---

④「書言：『天敘天秩』，天有是理，聖人循而行之，所謂道也。」（《二程遺書》，第二一，下）

界」與「事法界」以後，緊接著又開出一「理事無礙法界」，這即表示了它們之「不異」。因為「無礙」乃是「相即」之意。華嚴宗之「理法界」後來就成了二程的「理」的世界；「事法界」則成了「器」（有時也叫「事」）的世界。

第三，二程關於「理」的認知問題，也採取了佛學的見解。二程認為我們「窮理」窮到相當程度的時候，即可能突然對「理」的全體獲得完整的認識，而不待對它作永無止境的探究。這種思想，顯然來自禪宗「見性」之說。

接著，再讓我們看看它與道家的親緣。

二程的「理」與道家的「道」有兩點完全相同之處。

一、道家的「道」之存在是自然而然的，不得不然的（必然的）。二程的「理」也是如此。

二、道家的「道」，既是宇宙本體，也是事物之規律。二程的「理」亦然。

從以上的考察可以看出：二程的「理」乃是綜合歷來儒、道、釋三家許多思想要素而形成的。更簡單地講，它實在就是把倫理之「理」加到佛學之「理」（宇宙本體）裏面去的結果（隋唐佛學早已吸收了道家本體論思想之成分）。也正因為這樣，二程才能把理學的「理」拿來作為道德行為之所以然，作為家族、國家之存在之所以然。（佛學的「理」與道家的「道」都不能作為道德、家族、國家等存在之所以然。）而為道德、家族、國家之存在找尋形上學之根據，也正是理學家建立理學的一個主要目的。

但他們是怎樣為這些事物找根據的呢？他們竟是把他們所要找的東西先放到他們要去找的那個地方，然後再把它從那個地方找出來！

這真是天下最狡獪的把戲！（也許他們在這麼做的時候，並沒有
自覺到這點──許多一廂情願的人，都是這樣。）

第四章　二程之心性論

存在事物身上的「理」，便是該事物之「性」：存在於物身上的「理」便是「物性」，存在於人身上的「理」便是「人性」。「理」是事物之所以然，因此，「物性」便是物之所以然，人性便是人之所以然；也可以說，「物性」就是物之所以為物，「人性」就是人之所以為人。物之所以為物，就是使物成其為物者；人之所以為人，就是使人成其為人者。

理學的最終目的，既在達成人與人、人與萬物之溝通，則對人性與物性自然需要加以一番探討。不但對人性、物性必須加以探討，更必須探討物性、人性如何使物與人成其為物與人？本「性」在什麼條件之下，可以如實地表現？在什麼條件之下，則不能？其原因是什麼？這些問題的探討，便構成「心性論」之內容。

那麼，二程「心性論」之要旨如何呢？

二程對心性的看法，不像他們對「理」的看法那麼一致。他們的看法，相同之處固然很多，相異之處也並不少。因此，本章對這個方面的論述，將採取一個跟上章稍微不同的方法，即在相當程度上將他們兩個人的思想分開論述。

整個來講，他們兩兄弟在基本認識上大致是相同的，但在枝末之處則頗多歧異。他們看法一致的地方，有如下幾點：

1. 「性」即「理」。

2. 「性」之主要內容為「仁」。

3. 「性」之本然為善；惡是屬於「性」之表現上的事（或「情」、「意」之層面上的事）。

至於對「仁」的解釋，對「惡」之存在的說明，兩者的說法已

有所不同。伊川之區別「性」與「情」，釐清「心」、「性」、「情」之
關係，明辨「性之本」與「氣質之性」……等等，更幾乎完全不為
明道所言及。以下論述兩者之心性觀，將先由明道之部分開始，伊
川之與他相似地方，則順便指明。到討論伊川思想的時候，就只論
他的獨特之點。

一、明道的「心性觀」

1.「性」即「理」

這一點，是二程一致肯定的。明道說：

道即性也。若道外尋性，性外求道，便不是。❶

又說：

天之付與之謂命，稟之在我之謂性，見之事業之謂理。❷

伊川也說：

性即理也，所謂理性是也。❸

---

❶　《二程遺書》，第一，頁一（註明為明道語）。
❷　同❶，第六，頁八。
❸　同❶，第二二，上，頁一一。

又說：

在天為命，在義為理，在人為性，主於身為心，其實一也。❹

「理」是宇宙本體。二程之肯定「性」即「理」，涵有以下幾點
要義：

1.每一個體都以宇宙本體作為他的本「性」。而宇宙本體乃是宇
宙之「所以然」。因此，說每一個體都以宇宙本體作為他的本「性」，
即無異說每一個體都可能成為像宇宙那樣的存在。這聽起來似乎有
點荒唐，但實際上並沒有什麼奇怪的地方。因為只要一個人能圓滿
地達成與宇宙的溝通，他便與宇宙合而為一。這時，他就是宇宙，
宇宙就是他，他也就成為與宇宙一樣的存在。而個體之所以能夠與
宇宙相溝通，則正是因為他以宇宙本體作為他的本性。

2.「性」是至善的，因為「理」是至善的（見前章）。

3.每一個體的本「性」都一樣。因為每一個體都具有同一的整
全的「理」而以之作為他的本「性」。職是之故，萬物是絕對平等
的。

由此可知，二程實已許予人類以邏輯上所能有的最大可能性。
這表現了中國人一貫的高度樂觀精神，高度肯定此生此世的精神，
以及人類對自己之絕對信心。這種精神和信心，則有孟子的性善說
與道家「道在螻蟻，道在屎溺」，佛教「眾生皆有佛性」之說為其淵
源。

以上關於二程「性」觀的幾個要點，完全是我們由其「理」觀
的基本原則推論而得。以下且以他們自己論心性的文字來印證。

❹　同❶，第一八，頁一七。

> 性無不善，而有不善者，才也。性即是理，理則自堯舜至於
> 途人一也。❺
> 人自孩提，聖人之質已完，只先於偏勝處發，或仁，或義，
> 或孝，或悌。❻

以上論物性之至善與物性之皆同。前者為伊川語，後者為明道
語。

至於個體之可能成為與宇宙一樣的存在，則可以證諸以下的話：

> 大人者與天地合其德，與日月合其明，非在外也。❼

這裏所謂的「大人」，乃是圓滿達成與宇宙溝通合一的人。因
此，他才能夠「與天地合其德，與日月合其明」。

伊川也說：「一人之心，即天地之心。」❽

如果一個人不與天地相似，他的心怎麼會等於天地之心？

2.「仁」是「性」之主要內容

「性」即「理」。「理」有無數內容，「性」便也應該有無數內
容。但由於理學之中心問題乃是「如何與宇宙溝通」的問題，由於
理學之中心興趣乃在成就人的道德（兼含宗教的道德），所以二程在
探討「性」之內容時，幾乎把注意力全部放在「仁」上。至於人與

---

❺ 同❹。
❻ 同❶，第六，頁二。
❼ 同❶，第一一，頁三。
❽ 同❶，第二，上，頁一（註明為明道語）。

其他動物，乃至無生物所共同的「性」，則不在他們論列的範圍之內。事實上，這情形並不限於二程身上，其他理學家莫不皆然。從這點最可看出理學之特色。

這裏所謂的「仁」，乃是概括一切其他德性在內的「仁」，而不是與義、禮、智、信等德性並列的「仁」。換言之，它乃是孔子所指的那個廣義的「仁」，而不是孟子所理解的那個狹義的「仁」。明道在論及修養工夫時，曾有一段話說：

> 學者須先識仁。仁者渾然與物同體。義、禮、智、信皆仁也。識得此理，以誠敬存之而已……❾

這段話，顯示給我們以下兩點意思：

1.「仁」就是「理」，就是「性」。所以他在前面說「學者須先識仁」，後面則說「識得此理，以誠敬存之而已」。

2.「仁」概括義、禮、智、信在內。所以他說「義、禮、智、信皆仁也」。

同篇另一段話說：

> 仁、義、禮、智、信五者，性也。仁者全體；四者四肢。仁，體也；義，宜也；禮，別也；智，知也；信，實也。

這段話，說明了仁與其他四種德性之關係——仁是全體，其他四者是四肢。

明道認為「仁」有幾項主要作用，這幾項作用是相關的。

❾ 同❸，頁三。

⑴「仁」有「生」之作用

這是明道關於「仁」的基本見解，也是他的獨特見解。

依這見解，從萬物之生意，應該最可以看出「仁」之踪跡。他說：

> 「天地之大德曰生」，「天地絪縕，萬物化醇」，「生之謂性」，萬物之生意最可觀，此「元者善之長也」，斯所謂仁也。❿

前文說過：「天地之大德曰生」，「天地絪縕，萬物化醇」，都是《易‧繫辭傳》下篇的話，「生之謂性」，則是《孟子‧告子上》的話。這三者都談到同樣的主題──「生」，所以明道把它拿來作為「萬物之生意最可觀」這句子的引子。「元者善之長」，是《易‧文言傳》上篇的話。《易經》說：乾卦有四德，即元、亨、利、貞。「元者善之長」，便是《文言傳》關於「元」的論斷。伊川在其所著《易傳》中，說：「元者，萬物之始；亨者，萬物之長；利者，萬物之遂，貞者，萬物之成。」⓫依此解釋，則《文言傳》說「元者善之長」，便是指「萬物之始」為「善之長」的意思。萬物之始之所以為善之長，則是因為萬物從此獲得了生命或被創生之故。所以《文言傳》之以萬物之始為善之長，實即以獲得生命或被創生為首善的意思。這個意思，可以上接於明道論「生生之理」時以理之生生不已為善之旨⓬。理之生生不已，即理之不斷創生萬物或賦予萬物以

---

❿ 同❶，第一一，頁三。

⓫ 《二程全書》、《周易傳》，第一，頁一。

⓬ 明道曾說：「『一陰一陽之謂道』，自然之道也；『繼之者善也』，有道則有用，『元者善之長也』……」。又說：「『生生之謂易』，是天之所以為道也。

生命。在明道看來，這乃是最良善，最值得稱道之事。本段引文中，明道於「萬物之生意最可觀」之後，接著說：「此『元者善之長也』」，便在指出萬物之獲得生命乃是最值得稱道的好事。他又認為從萬物之「生意」可以看出「仁」之存在，所以接著又說：「斯所謂仁也」（「斯」即「此」）。

由於他認為可以從萬物之「生意」看出「仁」之踪跡，所以他說：

> 切脈最可體仁。❸
> 觀雞雛。此可觀仁。❹

切脈之所以最可體仁，觀雞雛之所以可以觀仁，正是因為脈搏和雞雛最明顯地表現了生命，或最富有生意。

《宋元學案‧明道學案》附錄有張橫浦的話說：

> 明道書窗前有茂草覆砌，或勸之芟，曰：「不可！欲常見造物生意。」又置盆池蓄小魚數尾，時時觀之。或問其故，曰：「欲觀萬物自得意。」

可見明道乃是十分富有樂生性向的人。

天只是以生為道。繼此生理者即是善也。善便有一個元的意思，『元者善之長』。萬物皆有春意，便是『繼之者善也』。……」都是以「理」（即「天」，或「道」）為生生不已者，又以「理」之生生不已為善。

❸　《二程遺書》，第三，頁一。
❹　同❸。

明道之以「生」為「仁」之作用，確是發前人所未發。不過，我們從上引的話以及其他話中可以看出：他的這個思想實在是得自《易傳》之啟發。《易傳》一再提及宇宙之生生不已，並把它和「善」關聯在一起（除上述的「元者善之長」之外，還有「一陰一陽之謂道，繼之者善也，成之者性也」等語），因此觸發了明道這一思想。而且這思想與他之認為「理」能「生生不已」的看法也是一貫的。

(2)「仁」之「感通」作用

明道又認為「仁」有「感通」的作用。他說：

> 醫書言手足痿痺為不仁，此言最善名狀。仁者以天地萬物為一體，莫非己也。認得為己，何所不至？若不有諸己，自與己不相干，如手足不仁，氣已不貫，皆不屬己。❶

「仁者以天地萬物為一體」，是說具有仁德的人把天地萬物當作和自己是一體的，彼此之間沒有隔閡、沒有界限，就像一個健康的人的四肢百骸，彼此痛癢相關，血氣貫通，連成一個身體一樣。這樣，我便是天地萬物，天地萬物便是我，天地萬物與我無二無別，故說「莫非己也」。其所以能夠如此，則全由於仁者能與天地萬物感應而溝通（感通）。仁者能與萬物感應溝通，則是由於「仁」有感通作用。正因為明道認為「仁」有感通作用，他才認為醫書上說手足痿痺為「不仁」是善於「名狀」（即「形容」之意）。因為手足痿痺正是手足的痛癢不為我所知覺因而我亦不對它們起反應。

「仁」之感通的作用，把物我之間的一切隔閡或間隙掃除一空，

---

❶ 同❶，第二，上，頁二。

使得森然並立的宇宙萬物融合為一體。這點甚為明道所看重。因此，他除了上引的「仁者以天地萬物為一體」之外，還屢次提到「仁」的這個特徵，如「仁者渾然與物同體」⑯，「仁，與天地一物也」⑰。此外，《二程遺書》第四卷有一條也說：「若夫仁，則天地為一身，而天地之間品物萬形為四肢百體。」如果我們追究明道這一思想的根源，則可發現這意思原來在《論語》上就已有了。《論語》說：「夫仁者己欲立而立人，己欲達而達人」，又說一個人一定要做到「己所不欲，勿施於人」，才算無違於「仁」。這都表明了「仁」之溝通人我的作用。試問如果我們不能視人如己、視人家的願望如自己的願望、視人家之痛苦如自己的痛苦，如何能「己立立人，己達達人」、如何能「己所不欲，勿施於人」？而視人如己、視人家之願望與痛苦如自己的願望與痛苦，便是消除了人我之間的隔閡，達到了物我一體的表現。

　⑶「仁」之「知覺」作用

　明道認為「仁」還有「知覺」作用。

　《二程遺書》第二卷上有一條說：

　　醫家以不認痛癢謂之不仁。人以不知覺、不認義理為不仁，譬最近。

　《遺書》第四卷也有一條說：

　　醫書以手足風頑謂之四體不仁，為其疾痛不以累心故也。夫

---

⑯　同⑮，頁三。

⑰　同⑩。

> 手足在我而疾痛不與知也，非不仁而何？

這都是以「不知覺」作為判定「不仁」的依據。手足風頑的人，手足雖為我的一部分，其痛癢卻不為我所知，故謂之「不仁」。人對義理矇然無知，亦然。可見「知覺」乃是「仁」之一個不可或缺的要素。

事實是「知覺」使一個人對其他事物有所感受，同時也對之有所回應。有所感受、有所回應，則自己與外物之間就有了交通。有了交通，才可能成為一體。這就是所謂由「溝通」而「合一」。所以「知覺」是由「感通」而「合一」的必要條件。在另一方面，「知覺」又是「生」之必然的現象之一。凡是活力充沛的東西，必也是知覺靈敏、反應強烈的。反之，如果一個生物對周圍的事物麻木遲鈍、漠不關心，那麼，他的生命必已瀕於枯竭的邊緣了。這點，可以從小貓和老貓身上獲得最好的證明。所以「知覺」確是「生」與「感通」之間的一個過渡的橋樑。「仁」的這個作用，後來被程門高足之一的謝良佐（上蔡）所強調。──謝氏甚至逕以「知覺」訓「仁」，以致引起朱子的非難❸。

---

❸ 朱子批評上蔡說：「醫者以頑痺為不仁，以其不覺。然便謂覺為仁則不可。喚著便應，抉著便痛，這是心之流注在血氣上底。喚著不應，抉著不痛，這固是死人，固是不仁。喚得應，抉著痛，只這便是仁，則誰箇不會如此？」──換言之，朱子是以「知覺」為「仁」之必要條件，而非充足條件。但朱子自己卻也曾從「知覺」以說「仁」，如「仁字最難形容，是箇柔軟、有知覺、相酬接之意，此須自去體認」。

3.「性」與善惡

關於「性」之善惡，二程有兩點一致的基本看法。那就是：

1.「性」本身是至善的。也就是說：在「性」中純然只有善，而沒有惡與之並存。因此，這個「善」乃是絕對的，而非與惡相對的善——所以稱之為「至善」。

2.「惡」是屬於「性」之表現上的事。換言之，它是在「性」表現而為經驗層面上的現象時方才出現的東西。這東西，在明道看來，乃是「性」表現得太過或不及的結果——「性」之表現得恰到好處（正），便是我們經驗中的善事。所以惡之本源仍是那個至善的「性」，並不是在本「性」中另有一個根源。伊川對惡的見解，基本上與明道無異。只是他所採取的說法略有不同而已——他透過「才」的概念來說明它。他認為「惡」是「才」上的事。同時他又分「性」為「性之本」與「氣質之性」。因此，他關於「性」的整個理論，也就顯得比較複雜一點。這留待以後的專節來討論。這裏只要指出：他的「才」是隸屬於「氣」之下的概念，而「氣」則是構成現象界事物的質素，現象界之事物則是「理」或「性」之表現。所以伊川之歸「惡」於「才」，仍然與明道之認定「惡」為「性」之表現上的事主旨相同。

以下請看明道之善惡說。明道說：

> 天下善惡皆天理。謂之惡者非本惡。但或過或不及，便如此，如楊墨之類。[19]

---

[19] 《二程遺書》，第二，上，頁一。

　　這一條是明道善惡觀的基本綱領。它大體已表示出上面所說到的兩個要點。不過，它的表示太過簡略，我們還無法從中看出上述兩點之全幅內容。明道的整個意思，還需要其他的話來加以補充。這話我們也許可以求諸《粹言》上的一則。它說：

> 天下之害，皆以遠本而末勝也。峻宇雕牆，本於宮室；酒池肉林，本於飲食；淫酷殘忍，本於刑罰；窮兵黷武，本於征伐。先王制其本者，天理也；後王流於末者，人欲也。[20]

　　峻宇雕牆、酒池肉林、淫酷殘忍、窮兵黷武，都是惡的事物。但它們卻分別本於宮室、飲食、刑罰、征伐。而宮室、飲食等則是依據天理而有的，也可以說就是天理之表現。可見惡的事物與善的事物並不由來於不同的兩個根源，前者不過是後者之伸張無度罷了！如果後者乃是天理表現之適中者，則前者便是其過度的表現。這些實例，闡明了明道所說的「善惡皆天理，惡非本惡，只是過或不及」等話的涵義。程子稱天理（人性）之過度表現者為「人欲」。

　　關於楊、墨是正道（理）之過與不及，則可以在伊川的一段話中獲得進一步的說明：

> 大抵儒者潛心正道，不容有差。其始甚微，其終則不可救。如「師也過，商也不及」，於聖人中道，師只是過於厚些，商只是不及些。然而厚則漸至於兼愛，不及便至於為我。其過不及同出於儒者，其末遂至於楊墨。[21]

---

[20]　《二程粹言》，第一，頁二。
[21]　《二程遺書》，第一七，頁二。

依此，聖人所持乃是中道（即恰到好處），楊墨則分別為不及與太過。然其所據的道理卻無不同——都是儒者的正道（理）。在明道來說，則聖人之作為便是善，而楊墨的便屬惡了。

在這段話中，我們又可看出：原來所說的楊墨之過與不及，乃是指愛而言。為什麼楊墨一則是愛之太過、一則是愛之不及？這是以儒家為本位來衡量的結果。依儒家的標準，墨子視人家之父母猶如自己的父母，視鄰人的兒女猶如自己的兒女，以致親疏遠近（血緣上的）的差別都沒有了，這是愛得太過。依同樣標準，楊朱只愛自己，不愛別人，這是愛之不及。只有儒家自親親而仁民，自仁民而愛物，把愛由親而疏，由近及遠，依次推廣，並依次而遞減其量，既不限於只愛自己，也不流於漠視一切差等，才算恰到好處。至於作為這些行為的原理的，則顯然便是我們本「性」的主要內容——「仁」。這些愛的行為，不管是恰到好處，或過與不及，都是這「仁」性的表現。

二、伊川之「心性觀」

1.伊川對心性的最後看法

伊川最後的「心性觀」是認為「心」有體、用之分。「心」之「用」，包括「情」、「知」、「意」等。「情」，指孝、悌等，又指愛、恨與喜、怒等。「知」，指感覺、知覺、以及認知作用、思慮作用等。「意」，則指意志——伊川常說「心」有主宰身體的作用，這主宰作用，當就是意志之作用。以上是「心」之「用」。至於「心」之「體」，則就是「性」，包括仁、義、禮、智等。

以上的看法，可以表解如下：

心 ⎰ 心之體 —— 性：仁、義、禮、智。
　　⎱ 心之用 ⎰ 情：孝、悌、愛、恨、喜、怒等。
　　　　　　　　 知：感覺、知覺、認知作用、思慮作用等。
　　　　　　　　 意：主宰作用。

　　不過，這是他最後的看法。他並不是一開始就這樣看心性。在達到這樣一種看法之前，他的心性觀曾經歷一番明顯的變化。其中變化最顯著的是他對心的看法。對心的看法既有變化，對心與性、情的關係之看法，當然也就跟著改變。

　　為了論述的方便，在談到他對心的看法之前，讓我們先看看他心性觀中的一項獨特看法，即分辨「性」與「情」。這是他走向他最後的獨特心性觀之第一步。

　　伊川在「心性論」中分辨「性」與「情」，正與他在「本體論」中分辨形上界與形下界相應，可以說是他的「本體論」之延伸。

2. 「性」、「情」有別

　　不論在明道或伊川，「性」都是指具於個體身上的「理」。這「理」，在個體一開始存在時，即已具備在它身上。不過當其尚未表現為可被經驗的現象時，其存在並不為人所知。在伊川，「情」，便是「性」之表現而為可被經驗的現象者（「性」之表現，自不止是「情」一種）。所以「情」乃是「性」之表現或顯發。所謂表現或顯發，便是指其由不能被經驗的狀態成為可以被經驗的狀態，亦由形而上者變為形而下者。因此，「性」與「情」有所不同。如他說：

　　愛自是情，仁自是性。豈可專以愛為仁？ ㉒

有時，他又把「情」視為「性」之用（作用）。如他說：

　　愛則仁之用。❷❸

又說：

　　蓋仁是性也，孝弟是用也。性中只有仁、義、禮、智四者，
　　幾曾有孝弟來？仁主於愛，愛孰大於愛親？故曰「孝弟也者，
　　其為仁之本歟？」❷❹

　　依此，「性」是仁、義、禮、智諸「理」；「愛」則為「仁」這個
「理」之作用。「愛」之中以愛親為最大，愛親便是孝弟（悌）。故
孝弟乃為「行仁之本」。「行仁」，便是實踐「仁」，或表現「仁」，即
把「仁」這形上的「理」表現出來或顯發出來，成為可被經驗的現
象。在此孝弟指的是現實的孝弟之行為或心意。

　　「情」當然是發自「性」的。《遺書》第十八卷有一則問答：

　　問：喜怒出於性否？曰：固是。才有生識，便有性；有性，
　　便有情。無性，安有情？又問：喜怒出於外，如何？曰：非
　　出於外。感於外，發於中也。

　　喜怒，便是「情」。「情」出於「性」，是個體在受到外來的刺激

---

❷❷　同❷❶，第一八，頁一。
❷❸　同❷❶，第一五，頁八。
❷❹　同❷❶，第一八，頁一。

時，由「性」中發出來的。伊川稱此情況為「感於外而發於中」。

有時他又說「情」是「性」之有動者或「性」之動處。

> 性之本，謂之命；性之自然者，謂之天；性之有形者，謂之
> 心；性之有動者，謂之情。凡此數者皆一也。㉕

《遺書》第二卷上，有一則話未註明是明道還是伊川說的，它說：

> 只性為本，情是性之動處。

《遺書》第九卷另一則話也說：

> 凡動者謂之情。

所以我們不妨根據上引這些話而說：「情」便是「性」之發動。

「性」與其「發動」，從一方面說，固是不同；但從另一方面說，卻也不是各自獨立之二物。《遺書》有一則記載說：

> 問：〈行狀〉（按即伊川所撰〈明道先生行狀〉）云：「盡性至
> 命必本於孝弟」，不識孝弟何以能盡性至命耶？曰：後人便將
> 性命另作一般事說了。性命孝弟只是一統底事。就孝弟中便
> 可盡性至命。至如灑掃應對與盡性至命亦是一統底事，無有
> 本末，無有精粗。㉖

㉕　同㉑，第二五，頁二。

　　孝弟，依前面所說，乃是「愛」之最大者。「愛」則是「情」，故孝弟也是「情」。「孝弟與性命是一統底事」（「一統底事」，猶言「一貫的事」），也就是「情與性命是一統底事」之意。伊川此處對「性」與「情」之關係的看法，完全與他對「理」與「氣」之關係的看法相應。事實上，「理」與「氣」這一對概念，與「性」與「情」這一對概念，所指的對象是相同的。「理」與「氣」是就宇宙一般而言，落在人身上來講，便是「性」與「情」。換言之，「理」與「氣」是宇宙論中的概念，「性」與「情」是人生論中的概念。

　　在這裏，還有一點值得一提的，那就是伊川對《孟子》「惻隱，仁之端也」的解釋。

　　伊川心目中既存有「仁是性，愛是情」這格局，透過這格局去看《孟子》的結果，便有所謂「惻隱則屬愛，乃情也，非性也」的說法。依此說法，「仁之端」的「惻隱」與「仁」本身是不同的。「惻隱」乃是「仁」之表現或顯發，是形而下者；而「仁」則是形而上者。這種說法，與《孟子》的原意並不符合。第一，孟子並不分別「性」與「情」，如伊川者然。第二，在孟子，惻隱乃是仁之根苗，它本身便是仁，只是尚在幼稚階段而已，故有待學者後天的培養。第三，孟子並不以為有現成的圓滿的仁心存在。孟子所謂的「本心」或「四端」固然是本有的、先天的，卻僅是一點根苗或開端，如果沒有加以後天的培養，則不會達到圓滿的境地。伊川的仁性卻是圓滿完全的，只要有機會，便會如實表現出來。學者所需注意的，倒不在如何培養它，而在使其表現得恰到好處——即無過與不及。「惻隱」，在伊川，便是此圓滿完全的仁性之恰當的表現。故伊川之解釋「惻隱」與《孟子》之本意並不符合。

㉖　同**㉑**，第一八，頁三二。

3.「心統性情」

知道了以上伊川對「性」與「情」的看法，再來看他對「心」的看法，便比較容易看出他這方面的看法之演變的踪跡。

前面說過：伊川對「心」的看法，前後頗有不同；他對「心」、「性」、「情」三者的關係之看法，前後也有所不同。

大抵伊川在較早的時候，傾向於把「心」等同於「性」。譬如他說：

> 心也，性也，天也，非有異也。❷❼

又說：

> 在天為命，在義為理，在人為性，主于身為心，其實一也。心本善，發于思慮，則有善有不善。若既發，則可謂之情，不可謂之心。❷❽

依據前此我們對「性」與「情」的分疏，伊川顯然把「心」視同於「性」了！他又說：

> 心即道也。在天為命，在人為性，論其所主為心，其實只是一個道。❷❾

---

❷❼　同❷❶，第一五。
❷❽　同❷❶，第一八，頁一七。
❷❾　同❷❽。

此外，又有一則問答如下：

> 問：孟子言心、性、天，只是一理否？曰：然。自理言之，
> 謂之天；自稟受言之，謂之性；自存諸人言之，謂之心。又
> 問：凡運用處是心否？曰：是意也。問：意是心之所發否？
> 曰：有心而後有意……。又問：人有逐物，是心之逐否？曰：
> 心則無出入矣，逐物是欲。❸⓪

這也是把「心」等同於「天」與「性」，而區別「心」之本身與
其作用。不過，這裏提到的作用，是另外的一種作用──「意」。此
外，逐物的不是「心」，而是「欲」。依前文所述，「欲」，乃是「性」
之表現太過者。

從這些地方，可以看出伊川之視「心」猶「性」。

但是有時伊川似乎也察覺到「心」與「性」（道、理）之不同。
如他說：

> 「人心惟危，道心惟微」。心，道之所在；微，道之體也。心
> 與道渾然一也。❸①

「道之所在」與「道」本身應有不同。「心與道渾然一也。」
「渾然一也」，固然不錯，但其原為二物，不也很明顯嗎？

此外，《遺書》第五卷有一條說：

---

❸⓪　同❷①，第二二，上，頁一四。
❸①　同❷①，第二一，下，頁三。

心具天德。

這一條雖未註明是誰說的，但其說法卻與「心，道之所在」一致——「天德」即「道」，即「理」。因此可以推知它們屬於同一思想系統。依此，「心」與「性」（天德）也應該是有異的。

同卷另一條說：

理與心一，而人不能會之為一。

有待「會之為一」，可見兩者原為二物。

這種「心」與「性」有異的認識，終於導致以下的見解：

陽氣發處，卻是情也。心譬如穀種；生之性，便是仁也。❸❷
陽氣所發，猶之情也。心猶種焉，其生之德是為仁也。❸❸

這個見解，可以借張橫渠的一句話表之：「心統性情」。

在這麼一個架構中，「心」猶如一粒種子，「性」則為這種子所具有的「生之德」，「情」則為這種子所萌發的芽（芽是陽氣所構成）。

「生之德」（仁）或「性」是超乎形象以上的東西，無法為人所見著。芽之發，則為此「性之德」或「性」之表現，是一個現實的存在，可以為人所經驗。但不論「生之德」（仁），或種子發的芽，都統屬於種子。因為「生之德」固是具於種子之中，芽也是從種子

---

❸❷ 同❷❶，第一八，頁二。

❸❸ 《二程粹言》，第一，頁四。

上發出的。依此，「性」雖具於「心」中，卻不就是「心」，「心」顯然比「性」更為涵蓋——因為「情」也包含在「心」中。

此外，「心」也似乎比「性」更為具體多了，因為它還包括了現實的可被經驗到的「情」。可能就是因為這樣，伊川才有「性之有形者謂之心」❸❹，「論心之形，則安得無限量？」❸❺等說法。不過，在這裏，伊川終究還沒有像朱子那樣明白把「心」歸屬於「氣」的領域（把心之體與心之用一概視為形而下的存在）。但這也僅是伊川一時還沒有想得那麼透澈而已。照著他在這裏所顯示的思路看來，這個結論是早晚要達到的。

關於「心」，伊川還有另一個說法，那就是他在與呂大臨論「中和」時所說的：

> 心一也。有指體而言者，「寂然不動」是也；有指用而言者，「感而遂通天下之故」是也。惟觀其所見如何耳。❸❻

這個見解，也不是伊川一開始就已具備了的，而是在與呂大臨的辯論過程中被大臨所逼出來的。照《伊川文集》上的記載，伊川本來所持的還是「凡言心者皆指已發而言」（這正好與他在上引文字中所說的「若既發，則可謂之情，不可謂之心」的說法相矛盾）。呂大臨針對他這說法，質問他說：

> 先生謂「凡言心者皆指已發而言」，然則未發之前謂之無心可

---

❸❹　《二程遺書》，第二五，頁二。

❸❺　同❸❹，第一八，頁一七。

❸❻　《二程全書》、《伊川文集》，第五，頁一〇。

乎？竊謂未發之前，心體昭昭具在，已發，乃心之用也。

這才使得他幡然改圖而提出前述的那個修正意見。

此處有一個問題：伊川所說的「心之體」與「心之用」是否等於前述的「性」與「情」？

這一點，伊川並沒有明說。不過，根據種種有關的資料，我們似乎可以推定其答案為肯定。理由是：

第一，伊川曾以性為情之體，情為性之用（如他一則說：「愛自是情，仁自是性。」再則說：「愛則仁之用。」——見前引）。

第二，他在與呂大臨討論「中和」問題的時候。大臨明白指喜怒哀樂之「未發」為「性」，為心之體，指其「已發」為心之用。伊川並未反對。只指出「中」是用以形容「性」的形容詞，不宜逕以之稱呼「性」。

根據以上理由，我們應可斷定：伊川之「性」與「情」即其所謂的心之體與用。後來的朱子與陽明就是如此認定的。如朱子說：

> 橫渠「心統性情之說大有功。」孟子言「惻隱之心，仁之端也。」仁，性也；惻隱，情也。性是體，情是用。

又說：

> 心兼體用而言。程子曰：仁是性，惻隱是情。若孟子，便只說心。程子是分別體用而言，孟子是兼體用而言。

（不過，有一點應該知道：朱子這種看法是與他後來的看法不

一致的——朱子中年以後，把心之體與心之用都視為「氣」，「性」則為具於心之體上的「理」，而非心之體本身。朱子前期與後期的這兩種說法，都可以在伊川思想中找出根源。）

從以上分析可以看出：

1.伊川關於「心」的思想前後有明顯的變遷。

2.他的這部分思想，頗有不一致，甚至矛盾的地方。

3.他的這部分思想，即使到了最後也未達到完成的階段——朱子就是繼承他的這部分思想，而去其矛盾，並將之推演至其理論之極致者。

4.心之其他功能

上面說伊川認為「心」概括「性」與「情」，又推斷說：在他心目中，「性」便是心之體，「情」便是心之用。「體」，乃是「自體」之意；「用」，則是「作用」（或謂「功能」）之意。「情」固然是心之用，但心之用並不限於「情」；除了「情」之外，「意」與「知」等也都是心之用。明道說：

> 人心莫不有知，惟蔽於人欲，則忘天德也。❸

「天德」即具於「心」上之「理」（亦即「性」）。這話顯然含有「心」能認知具於「心」上之「理」的意思。由此可見心有認知的作用或功能。

二程又認為「心」能作身體之主宰。「心」主宰我們身體的這種作用，便是「意」。關於「心」主宰我們的身體，伊川說：

---

❸ 《二程遺書》，第一一，頁五。

在天為命，在義為理，在人為性，主於身為心。

又說：

> 人之身有形體，未必能為主。若有人為繫虜將去，隨其所處，
> 己有不得與也。惟心則三軍之眾不可奪也。若並心做不得主，
> 則更有甚。**❸❽**

這都肯定「心」能做我們的主宰。

「心」如何主宰我們呢？它即是根據它所認識的「理」來控制
我們，使我們的行為完全合於「理」。伊川說：

> 「大而化之」，只是謂理與己一。其未化者，如人操尺度量
> 物，用之尚不免有差。若至於化者，則己便是尺度，尺度便
> 是己。**❸❾**

《粹言》，第一，也說：

> 純於敬，則己與理一。無可克者，無可復者。**❹❿**

所謂 「理與己一」，「己與理一」，便是自己的行為完全合乎
「理」，或完全是「理」之如實的表現。這種行為自然可以與天地萬

---

❸❽ 同**❸❼**，第一五，頁一一。

❸❾ 同**❸❽**。

❹❿ 《二程粹言》，第一，頁二。

物之運動變化相協調、相和諧——溝通合一。因為天地萬物也都是同一的「理」之表現，其運動變化也都遵循「理」。

明道說：

> 學者須先識仁。仁者渾然與物同體。義、禮、智、信皆仁也。識得此理，以誠敬存之而已。❹

這段話說明了我們行為如果完全合乎「理」（性），我們就可以完全與宇宙溝通合一。「渾然與物同體」，便是與宇宙溝通而為一。「仁者」，便是行為完全合乎「仁」的人。「仁」即是「理」，所以明道在前面說「學者須先識仁」，在後面則說「識得此理，以誠敬存之而已」。觀乎他所說的「義、禮、智、信皆仁也」，可知在此「仁」即代表人之所以為人的「理」之全體，亦即人之本「性」之全體。

5.「中和」——心之理想狀況

《中庸》，第一章說：

> 喜怒哀樂之未發，謂之中；發而皆中節，謂之和。中也者，天下之大本也；和也者，天下之達道也。

為了這幾句話的語意，伊川曾與弟子呂大臨（與叔）反覆論辨，也與蘇季明兩度對答。

他們都把《中庸》這段話關聯於「心」來講，認為它是論述心之體用的一段話。因此，我們從伊川師徒的上述討論可以看出他們

❹　《二程遺書》，第二，上，頁三。

對「心」的若干看法。

綜觀他們的意見，可以歸納出以下幾個要點：

第一，「心」有體用之別。「喜怒哀樂之未發」，即是心之體；「已發」，則是心之用。關聯於《易傳》來講，「寂然不動」，即是指心之體而言；「感而遂通天下之故」，則是指心之用而言。

第二，「喜怒哀樂未發」之心體，不偏不倚，無過與不及，所以形容之為「中」。「此心至虛，無所偏倚，故謂之中。」「中者，無過不及之謂也。」（呂大臨語）「中」原是用以形容心之體的一個形容詞。這不偏不倚、無過不及的心體，發而為用的時候，如果也能保持其本然的狀況，即不偏不倚、無過不及，便是所謂的「中節」；這時，便形容之為「和」。所以，「和」也是一個形容詞。

第三，「中」與「和」並不是兩個不同的狀態，只是一個就心之體而言，一個就心之用而言。「天下事事物物皆有中。『發而皆中節，謂之和』，非是謂和便不中也，言和則中在其中矣。」「事事物物之上，皆天然有箇中在那上。」（《二程遺書》，第十七）但把握這個「中」並不容易，因為它是因事因物、因時因地而異的。程子曾舉例而說明道：「且試言一廳，則中央為中；一家則廳中非中，而堂為中；言一國則堂非中，而國之中為中；推此類可見矣。且如初寒時，則薄裘為中；如在盛夏而用初寒之裘，則非中也。」時時都能不失「中」道，便是所謂的「時中」。程子又以孔子之行止為例而說明「時中」說：「可以仕則仕，可以止則止，可以久則久，可以速則速：此皆時也，未嘗不中，故曰：君子而時中。」（《二程遺書》，第二十五）

第四，心體之「中」，並不能在喜怒哀樂「未發」之時見之，而只能見之於「已發」之際。「中」道，也只能在行動中實現；「為人

君止於仁，為人臣止於敬」，便是「中」。「止」，並不容易做到，因為人一旦覺得一件事情重要，便會一味去從事，而不知適可而止。

6.「性之本」與「氣質之性」

伊川心性觀的另一特點，就是區別「性之本」與「氣質之性」。

依他的看法，孔子的「性相近也，習相遠也」的「性」與告子的「生之謂性」的「性」，都是指「氣質之性」而言。而孟子認為善的那個「性」，才是「性之本」。且看以下《遺書》的一則記載：

> 「性相近也，習相遠也。」性一也，何以言相近？曰：此只是言氣質之性。如俗言性急性緩之類，性安有緩急？此言性者，「生之謂性」也。……且如言人性善，性之本也。「生之謂性」，論其所稟也。孔子言性相近，若論其本，豈可言相近？只論其所稟也。❷

類似的意思，又可見諸以下言論：

> 「性相近也」，此言所稟之性，不是言性之本。孟子所言，便正言性之本。❸

「所稟之性」就是「氣質之性」。這種「性」，由於是表現在人物所稟的氣質上，所以叫「氣質之性」或「所稟之性」。這種「性」因人因物而略有所異，所以只可謂之「相近」，而不可謂之「相

---

❷ 同❶，第一八，頁一九。
❸ 同❶，第一九，頁四。

同」。──「相近」的意思是相類似而不全同。如果是「性之本」，
則萬物皆同，就只能說是「相同」，而不能說是「相近」了！

關於「性之本」，伊川說：

> 孟子言人性善，是也。雖荀楊亦不知性。孟子所以獨出諸儒
> 者，以能明性也。性無不善，而有不善者，才也。性即是理。
> 理則自堯舜至於途人一也。**❹**

上文已經說過，伊川認為孟子所謂的善之性乃是「性之本」。這
裏所謂的「性無不善」的性，即是指「性之本」而言。這「性」，依
伊川，實即是理。理則上自堯舜，下至路人，完全一樣。

至於「氣質之性」或「所稟之性」，則不能無不同。這是因為人
物所稟的氣質各有不同的緣故。《二程粹言》上有一則記載說：

> 子曰：告子言生之謂性，通人物而言之也。孟子言性善，極
> 本源而語之也。「生之謂性」，其言是也。然人有人之性，物
> 有物之性，牛有牛之性，馬有馬之性，而告子一之，則不可
> 也。**❺**

這一段話，雖沒有註明是誰說的，但由其內容可以推知是伊川
的話無疑。伊川認為告子所謂的「生之謂性」的「性」，乃是「氣質
之性」。「人有人之性，物有物之性，牛有牛之性，馬有馬之性」的
「性」，也是「氣質之性」。這種性，各不相同，而告子以為通通一

---

❹ 同❹，第一八，頁一七。
❺ 《二程粹言》，第二，頁二二。

樣，所以伊川認為他不對。這段話又告訴我們：孟子之言性善，乃是就性之本源而言。然則，所謂「性之本」，便應該是「性之本源」的意思了！

那麼，「氣質之性」究竟是怎樣的一種性呢？它與「性之本」之關係如何呢？

有人認為「氣質之性」自成一種性，它是人物稟得的氣質所表現的特性，因而它是與「性之本」不同的。不但不同，而且也跟它沒有關係。照此說法，則每個人便都該有兩種性，一為與一切人物相同的性（理），一為各不相同的性。這種看法，恐怕與伊川的本意不合。

伊川所謂的「氣質之性」，似是指被「氣質」所限制了的「性之本」，而不是指在「性之本」之外的另一種性。試看伊川以下的這一則議論：

> 犬、牛、人知所去就，其性本同。但限以形，故不可更。如隙中日光，方圓不可移，其光一也。惟所稟各異，故「生之謂性」，告子以為一，孟子以為非也。❹

在這裏，伊川以隙中日光喻「氣質之性」，以光喻「性之本」，以隙之形喻氣質。隙中日光，有方形，有圓形，各自不同，不可更替。但其不同，乃是受了隙之形狀所限的結果。就光之本身而言，實在是一樣的，不同的只是隙之形狀。犬、牛、人之性，情形正與此相似。犬、牛和人都知道趨利避害（知所去就），這是他們本性相同的地方。但由於受到各自形體的限制，其「氣質之性」便有了差

---

❹ 《二程遺書》，第二四，頁二。

別，而不可更替。其形體乃是氣質所形成的，故其「氣質之性」的不同終究還是所稟之氣的不同所致。所稟的氣質不同，其「氣質之性」即不能不異，故「生之謂性」的「性」，告子以為萬物都一樣，孟子就要指其為非了！

氣質可以限制或影響本性。這見解尚可見於伊川其他的話，如：

> 形易則性易。性非易也，氣使之然也。❹

「性」好像隨著「形」之變易而變易，但事實上「性」並沒有變，只是受「氣質」之影響罷了——「形」是「氣質」所構的。

關於這個論旨，伊川還有一則更為詳盡的論述：

> 人之生也，小則好馳騁弋獵，大則好建立功名。此皆血氣之盛使之然耳。故其衰也，則有不足之色；其病也，則有可憐之言。夫人之性至大矣，而為形氣之所役使而不自知，哀哉！❹

注意此中所說的「夫人之性至大矣，而為形氣之所役使而不自知」這句話。「至大」的「性」，當然只能是與「天」、「理」等同的那個「性」，「小則好馳騁弋獵，大則好建立功名」，則就是「氣質之性」。「氣質之性」是可以改變的，因為氣質可以改變。血氣之由盛而衰、由衰而病，即是氣質的一種改變。此外，還可以透過教育和修養而使它改變。伊川說：

---

❹ 同❹，第二五，頁六。
❹ 同❹，頁五。

積學既久，能變化氣質，則愚必明，柔必強。❹

「氣質」既可以限制或影響「性之本」，而「氣質」又不同而可變，則受它限制或影響的「性之本」當然會有不同的表現。伊川的「氣質之性」，如果指的就是這種受了「氣質」限制或影響的「性之本」，則「氣質之性」就應該仍是本來的那個性，而不是在本來的那個性之外的另一個性。

由此看來，朱子「氣質之性」的概念倒是十分與伊川的概念相符的。同時，他們兩者的概念也與張橫渠的接近——橫渠的「氣質之性」，也不是在「天地之性」之外的而與之並立的另一個性。

伊川之區分「性之本」與「氣質之性」，為的是要同時說明萬物相同與相異的兩面。萬物相同的一面，乃是其相互溝通之所以可能的基礎；相異的一面，則是其相互溝通之障礙所在。教育與修養的目的，即在儘可能減少這些溝通的障礙，而促使萬物之溝通的實現。

第五章 二程之修養論

「修養論」之目的，在探討如何掃除天性實現上的障礙。

明道「修養論」的總綱領是：「學者必先識仁。……識得此理（按即「仁」），以誠敬存之而已。」❶

這裏的「仁」（理），主觀而言，是人之真正自我（性）；客觀而言，則是宇宙之本體（天）——在二程，此兩者是一致的。人格修養的工夫，在明道來說，其要點就在認識這個真實的自我，然後加以培養和保存。當然這裏所說的認識，並不是指一種泛泛的知解上的認識，而是指一種親切的直接體驗——即自己發現到真正的自己。這經驗，極類似佛家所謂的「悟」（不一定是「頓悟」）。陸象山《年譜》上所記載的一則故事，最足以說明這種認識。這故事說：

有一位楊敬仲先生，是富陽地方的主簿。他一度兼任了臨安府的一份差事，因而得以就教於陸象山。他回到了富陽以後，象山有一次去看他。他便問象山：什麼是本心？象山告訴他說：「惻隱，仁之端也；羞惡，義之端也；辭讓，禮之端也；是非，智之端也：這就是你的本心。」但敬仲並沒有領會，他回答象山說：「這我小時候就已曉得了。究竟什麼才是本心？」象山仍作同樣的答覆。這樣，反覆了幾次，象山始終沒有改變他的說法，敬仲也沒有領悟。這時剛好有一個賣扇的人前來告狀，敬仲便升堂審理。等到他斷過了案，他又重新提出原來的那個問題。象山於是對他說：「我剛才聽你斷案，是的知道它為是，非的知道它為非，這就是你的本心呀！」敬仲這才恍然大悟，「忽省此心之無始末，忽省此心之無所不通。」

這是一個認識自己本心、本性的典型實例：起初敬仲所說的：

---

❶ 《二程遺書》，第二，上，頁三（註明為明道語）。

「這我小時候就已經曉得了」的「曉得」，就是知解的「知」。這跟後來的「親切的直接體驗」是不同的。後面的這種認識，只有在許多機緣湊合的情況下才能獲致。

在我們親身經驗了本心、本性之後，剩下的就只有「存養」（保存和培養它）一事了！

如何存養呢？在明道，其方法就是「誠敬」。

伊川的修養論，則可以拿「涵養須用敬，進學在致知」這句話作代表。

有人認為伊川的「修養論」與明道的有異。但據個人所見，他們兩者的理論，除了有詳略與偏重的不同之外，實質上並無二致。

個人以為伊川的「涵養須用敬，進學在致知」，完全等於明道的「學者須先識仁。……識得此理，以誠敬存之而已」。——「識仁」，就是「致知」之目的。只是敘述的次序剛好相反罷了！

不管明道或伊川，都是以「認識」（或如前人所謂的「察識」）與「存養」並提的。這就是以下一則議論所表示的：

> 知之而後可守。無所知，則何所守也。故學者莫先乎致知。❷

「知」屬「認識」的範圍，「守」則屬於「存養」。
以下幾則所表示的，也都不出這意旨。

> 見之既明，養之既熟，泰然而行之，其進曷禦焉？❸
> 學之而不養，養之而不存，是空言也。❹

❷　《二程粹言》，第一，頁一八。
❸　同❷，頁一二。

「見之」，「學之」，就是「知」的工夫。「養之」，「存之」，就是「守」的工夫。這兩層工夫到家了，便能「泰然而行之」。

至於這兩者（「認識」與「存養」）應該孰先孰後，是否關於這點伊川的主張剛好與明道相反呢？這問題的答案，應是否定的。因為伊川曾經明白說過：

> 且未說到持守。持守甚事？須先在致知。❺

又說：

> 敬只是涵養一事。「必有事焉」，須當集義。只知用敬，不知集義，卻是都無事也。……敬，只是持守之道；義，便知有是有非。順理而行，是為義也。若只守一個敬，不知集義，卻是都無事也。且如欲為孝，不成只守一個敬字。須是知所以為孝之道：所以奉養當如何，溫清當如何，然後能盡孝道也。❻

「順理而行」是「義」，「集義」，就是「窮理」，也就是求「知所以為孝、為悌、為忠……之道」。這乃是「認識」的工夫。依伊川，這勿寧是比「持守」更優先的。故關於「認識」與「存養」之先後的問題，伊川的看法仍然與明道無異。伊川之異於明道者，只是他對「認知」這一層工夫做了更深入、更詳盡的探討，因之，關

---

❹　同❷，頁一四。

❺　《二程遺書》，第一五，頁二一。

❻　同❺，第一八，頁一八。

於它也有更多的言論。但這只能說是他對乃兄之思想之進一步推廣
與發展，不能視為與之背離。伊川所發展出來的「致和」理論，便
是有名的「窮理」說。

一、窮　理

上章已經說過：二程認為「心」能知道具於其上的「理」。

不但如此，他們且認為人「心」對「理」的這種「知」是先天
的，不待學習的。程子說：

> 生而知之者，謂理也，義也。若古今之故，非學不能知也。❼

又說：

> 見聞之知，乃物交而知，非德性所知；德行所知，不待於見
> 聞。❽

上章也已說過：二程認為：「心」雖然生來就能知道天「理」，
但有時由於受到「人欲」之障蔽，也會忘掉了它：

> 人心莫不有知，惟蔽於人欲，則忘天德也。

「人欲」是什麼呢？我們在談性之善惡時已經說過：在二程，

---

❼　《二程粹言》，第二。
❽　同❼，頁二一。

「人欲」乃是「性」之過度的表現。

　　既已忘掉了「天德」，便需要用後天的努力去認識它。關於這點，伊川有一個特別的主張，即主張廣泛地從種種已有的具體事物上去認取它，而不限於只在我們自己的心體上認取。這個主張，後來竟然成為程朱與陸象山、王陽明等「心學」學者爭執的重點之一。程朱主張廣泛從各種事物之上去認識「理」的理由，是萬物原都是「理」的表現（雖然各事物都只表現了「理」的一個側面），我們在這些事物身上都應該可以看出「理」的面目。

　　在事物上認識「理」，即是伊川所謂的「窮理」。關於「窮理」，伊川有幾點獨特的看法：

　　一、由於「天下只有一箇理」，所以認識外物身上的「理」，即等於認識我們心上的「理」（性）。

> 問：觀物察己，還因見物反求諸身否？曰：不必如此說。物我一理，才明彼，即曉此。合內外之道也。❾

　　二、由於「天下只有一箇理」，故儘管個別的事物都只表現了理的一個側面，但「窮理」的工夫並不需要永無窮盡地做下去。相反地，只要窮到相當程度，便可以融會貫通，而對「理」的全體完全認識得清清楚楚。

> 問：格物（按即「窮理」）須物物格之，還只格一物而萬理皆知？曰：怎生便會該通？若只格一物便通眾理，雖顏子亦不敢如此道。須是今日格一件，明日又格一件，積習既久，然

❾　《二程遺書》，第一八，頁一九。

後脫然自有貫通處。❿

至於「窮理」的途徑，伊川說：

> 凡一物上有一理，須是窮致其理。窮理亦多端；或讀書講明
> 義理，或論古今人物，別其是非，或應事接物而處其當，皆
> 窮理也。⓫

二、誠　敬

認識了「理」（性）之後，接下來便是加以存養或持守。

如何存養呢？在明道，其方法就是「誠敬」。

那麼，「誠」是什麼？「敬」是什麼？兩者的關係如何？

在二程，「誠」有兩個不同的意義。一為本體義的「誠」，一為工夫義的「誠」。

本體義的「誠」，逕指宇宙本體與真正自我，即上面所說的「理」、「性」本身。「誠者，實理也。」⓬說的就是這個。有人問程子何謂「誠」、何謂「道」，他回答說：「自性言之為誠，自理言之為道，其實一也。」⓭說的亦是此意。

與「敬」並列的「誠」，則為第二種意義的「誠」，它代表一種修養工夫。

---

❿　同❾。

⓫　同❾。

⓬　《二程粹言》，第一，頁一。

⓭　同⓬，頁九。

「真近誠。誠者，無妄之謂。」❹ 這就是說：「誠」即是「真實無妄」。程子說：「學以不欺闇室為始。」❺「闇室」，是人所不知而己獨知之地。闇室而不欺，正是「真實無妄」之最好寫照。能做到這一點，則所表現的無不是自我之本色。自我之本色，即是「性」，即是「理」。在此，工夫的「誠」已完全貫通於本體的「誠」。工夫即本體，本體即工夫，工夫與本體已無二無別矣。

但如此的一個「誠」，作為一種工夫，到底空泛了一點。因為它僅標明了一個目標（即「真實無妄」），卻沒有指示我們到達這個目標的途徑（即如何做到「真實無妄」）。就這點而言，「誠」與其說是指一種工夫，倒不如說是指一種「境界」，還來得恰當一點。「誠敬」二字真正具有工夫意義的，還是「敬」字。

明道說：

　　誠者天之道，敬者人事之本，敬則誠。❻

《二程粹言》上也說：

　　誠則無不敬。未至於誠，則敬然後誠。❼

做到了「敬」，則自然「誠」。所以明道的工夫雖以「誠敬」二字來表明，其實重點卻全部落在「敬」字上。因此，《粹言》上有一

---

❹　《二程遺書》，第二一，下，頁一。

❺　《二程粹言》，第一，頁二一。

❻　《二程遺書》，第一一，頁七。

❼　《二程粹言》，第一，頁一。

則與上引明道「學者須先識仁。……識得此理，以誠敬存之而已」。類似的話，卻只作「學者必先知仁。知之矣，敬以存之而已」。可見「敬」才是明道的工夫之真正著力處。

明道說：

> 中者天下之大本也。天地間亭亭當當、直上直下之正理。出則不是，唯敬而無失最盡。**⓲**

「中」是宇宙本體（天下之大本），也是自我之本性，正是所謂的「天理」。人能居「敬」，便能保持此「天理」之不失。——嚴格地講，天理是永恆的，其本身無所謂失與不失。失與不失，是就人之發現不發現或實現不實現它而言的。

明道說：

> 「天地設位，而易行乎其中。」只是敬也。敬則無間斷。**⓳**

這是就「天理」在天地間不斷行其生化之大用而言。（明道曾說：「生生之謂易，生生之用則神也。」「易」即「天理」。）而其所以不間斷，亦唯在「敬」。他又說：

> 佛言前後際斷。「純亦不已」是也。彼安知此哉！子在川上曰：「逝者如斯，不舍晝夜。」自漢以來，儒者皆不知此義。此見聖人之心「純亦不已」也。詩曰：「維天之命，於穆不

⓲　《二程遺書》，第一一，頁七。

⓳　同**⓲**，頁二。

已。」蓋曰天之所以為天也。「於乎不顯，文王之德之純。」
此乃天德也。有天德便可以語王道。其要只在慎獨。❷⓪

「天理」，作為宇宙本體，乃是永恆的存在。故「天命不已」正
表現了天之所以為天。聖人之德完全等同於天德，故純一而不雜。
其純一不雜處，也就是「天理」之表現之無間斷處。這正是文王之
所以為文王、孔子之所以為孔子。而其所以致之之道，則在「慎
獨」。
　「慎獨」，即是「敬」。何以見得？
　《二程遺書》，第六，有一則記載說：

> 孔子言仁，只說「出門如見大賓，使民如承大祭」，看其氣
> 象，便須心廣體胖，動容周旋中禮自然。惟慎獨便是守之之
> 法。聖人修己以敬，以安百姓，篤恭而天下平。惟上下一於
> 恭敬，則天地自位，萬物自育，氣無不和，四靈何所不
> 至。……❷①

「惟慎獨便是守之之法」的「守之」，從上下文的關聯看來，顯
然指的是守住「仁」而言。而在此句之後，馬上又把「慎獨」換為
「敬」、「篤恭」、「恭敬」等說法，而大談其神奇的效驗。可見在說
這話的人心目中，「慎獨」是與「敬」相當的。「慎獨」的具體要點，
據《中庸》首章，乃在「戒慎乎其所不睹，恐懼乎其所不聞」，這也
與通常所理解的「敬」之意義一致。

---

❷⓪　同❶⑧，第一四，頁一。
❷①　同❶⑧，第六，頁一。

　　以「敬」或「慎獨」為守「仁」的方法，正是前此所引「學者必先識仁。……識得此理，以誠敬存之而已」。所表示的意思。

　　根據以上的解析，可知明道所謂的「敬」實不外一種戰戰兢兢、小心翼翼、如臨深淵、如履薄冰的態度。這種態度，使人持身謹嚴，治事認真，不敢有絲毫怠慢。明道認為這樣才能保住我們原有的天性——「仁」。

　　對「敬」的類似看法，在《二程全書》中還有很多。例如：

　　　聖人齋戒，敬也。❷

　　　入德必自敬始，故容貌必恭，言語必謹也。❷

　　這些話並沒有註明是誰講的，不過，無論如何，其「敬」的概念之涵義是與明道的一致的。

　　至於伊川，也有類似的說法：

　　　「出門如見大賓，使民如承大祭」，只是敬也。❷

　　這是伊川有關「敬」的講法之接近明道者。除此之外，他對「敬」還有他獨特的講法，那便是所謂的「主一」之說。

❷　《二程外書》，頁三。
❷　《二程粹言》，第一，頁一七。
❷　《二程遺書》，第一五，頁九。

三、主　一

> 主一之謂敬。❷❺
>
> 敬，只是主一也。❷❻
>
> 所謂敬者，主一之謂敬。❷❼

那麼，什麼叫「主一」呢？

先就「一」來講。這裏這個「一」，指的乃是心神之統一或集中。因為程子說過：「一心之謂敬。」❷❽「只是整齊嚴肅，則心便一。」❷❾

「主」字又是什麼意思呢？

從伊川在以下例子中的用法看來，「主」字似乎應作「專」解。這些例子是這樣的：

> 且如宗廟則主敬，朝廷則主莊，軍旅則主嚴。
>
> 問：「舍則亡」，心有亡，何也？曰：否。此是說心無影體，才主著事時，便在這裡；才過了，便不見。❸❿

---

❷❺　《二程粹言》，第一，頁三。

❷❻　《二程遺書》，第一五，頁五。

❷❼　同❷❻，頁一九。

❷❽　《二程粹言》，第二，頁二四。

❷❾　《二程遺書》，第一五，頁六。

❸❿　同❷❾，第一八，頁一九。

　　因此，「主一」，應該就是「專務做到心神之統一或集中」的意思了！

　　心神統一或集中，則不為外物所牽引而去，這就是他所謂的「無適」。他說：

> 所謂一者，無適之謂一。❸

　　「適」者，「往」也。「無適」，便是無所他往，即不從所在之處跑到其他地方之意。所以他說：

> 敬，只是主一也。主一，既不之東，又不之西，如是，則只是中；既不之此，又不之彼，如是，則只是內。❸

　　不之東，又不之西，不之此，又不之彼，而只在中，只在內的，正是此「心」。

　　然則，怎樣才能做到「敬」（主一）呢？

　　伊川說：「只是整齊嚴肅，則心便一。」

　　　　　「但惟是動容貌、正思慮，則自然生敬。」❸

　　在這裏，伊川之「敬」的概念又和前述明道所持的，乃至一般所持的概念接上頭了！不同的，只是伊川把「整齊嚴肅」、「動容貌、正思慮」等視為成就「敬」或「主一」的條件，而明道等卻逕將它們視為「敬」本身。不過，這差別並不很重要，因為這終究只是所

---

❸　同㉙，第一五，頁一九。

❸　同❸，頁五。

❸　同❸，頁五。

著重的重點有異罷了！——一個較著重於其所欲達到的目標（「心一」），一個則較著重於達到此目標的手段。

這裏有一個問題值得提出來討論一下，那就是「主一」既是指心神之統一或集中，那麼，是不是一定要有一實際的事物作為心神灌注的對象呢？連帶的，當心中了無一事時，「敬」的工夫是否還有必要？

關於前一點，程子的答案是否定的。關於後一點，卻為肯定。

《粹言》上有一則記載說：

> 或曰：心未有所感時，何所寓也？子曰：莫知其鄉，何為而求所寓？有寓非所以言心也。惟敬以操之而已。❸❹

這是說：無事的時候，要以「敬」來操持此心。由此可見：心神之統一或集中，並不需要特定的東西作為其對象，而無事的時候，「敬」的工夫仍不可少——畢竟「敬」的目的只在約束此「心」！

同頁另有一條說：

> 朱光庭問為善之要。子曰：孜孜而為之者，當其接物之際也。未與物接，則敬而已。自敬而動，所以為善也。

「當其接物之際」的「其」指「心」。「未與物接」的時候，也就是無事的時候。這時候，仍要維持「敬」的工夫。意思還是與上一條所說的一樣。

為什麼要時時約束我們的心，使心神統一或集中呢？

---

❸❹　《二程粹言》，第二，頁二六。

伊川告訴我們：這為的是要「窒欲」。他說：

> 「出門如見大賓，使民如承大祭」，只是敬也。敬則是不私之
> 說也。才不敬，便私欲萬端，害於仁。㉟

「私欲」（或「人欲」）和「天理」（「仁」即是「天理」）是對立
的。「私欲」熾，則「天理」亡。

> 人之為不善，欲誘之也。誘之而弗知，則至於天理滅而不知
> 反。㊱

相反的，去得「私欲」，便是「天理」，不待外面再去另尋箇「天
理」。因為「天理」原是人人具有的。「天理」便是「善」。

> 閑邪則誠自存。不是外面捉一箇誠將來存著。今人外面役役
> 於不善，于不善中尋箇善來存著。如此，則豈有入善之理？
> 只閑邪，則誠自存。故孟子言性善皆由內出。只為誠便存。㊲

《易傳》說「閑邪存其誠」。「閑」，是「防」的意思。伊川借著
這句話表達了如下的意思：「天理」是我們本具的（在我們身上的
「天理」，便是我們的本「性」）。只要我們防範得當，使妨害它的
「私欲」不生，它便得以保全了！──在這裏，「邪」被用來代表

㉟　《二程遺書》，第一五，頁九。

㊱　同㉟，第二五，頁三。

㊲　《二程粹言》，第一，頁一八。

「私欲」，「誠」則被視為「善」，因為在二程心目中「誠者實理也」，「誠」原就是「天理」，而「天理」是「善」的。

「閑邪」應怎樣進行呢？

閑邪更著甚工夫？但惟是動容貌、正思慮，則自然生敬。

「閑邪」，正是依賴一個「敬」字。

四、聖　人

一個人致力於修心養性，其終極目的，乃在於成就聖人人格。這不但對二程而言是如此，對所有理學家而言，亦是如此。事實上，儒家的主張一貫便是如此。

那麼，在二程心目中，聖人是怎麼樣的一個人呢？

這可以從很多角度來談。

1.「渾然與物同體」

從理學之基本問題的角度而言，聖人應該就是圓滿達成與宇宙之溝通的人。這種人，就是程子所謂的「仁者」。「仁者渾然與物同體」，「仁者以天地萬物為一體」。這也就是《易傳》上所描述的「大人」：

大人者，與天地合其德，與日月合其明，與四時合其序，與鬼神合其吉凶。

明道也說：

> 大人者，與天地合其德，與日月合其明，非在外也。 ❸

這種人，已經與天地萬物合而為一，不再有彼此之分。

2.「己與理一」

從另一個角度而言，則可以說聖人就是「己與理一」或「理與己一」的人。

> 純於敬，則己與理一。無可克者，無可復者。
> 「大而化之」，只是謂理與己一。其未化者，如人操尺度量物，用之尚不免有差。若至於化者，則己便是尺度，尺度便是己。

這兩段，都是上章已經引用過的。我們在那裏也已說過：所謂「己與理一」或「理與己一」，就是自己的行為完全合乎「理」，或完全是「理」之如實的表現。

依程子，人在認識了心中本具之「理」（性）以後，行為並不能立即與「理」完全相符。這時，我們還必須隨時以「理」來衡量我們的行為，從而以「理」來規整它，猶如拿尺度來度量東西，以知它的長短。這時，我是我，「理」是「理」，兩者猶是二物，因此，兩者還難免有所出入。但等到「敬」的工夫做到純熟之後，我們的一舉一動就可以完全和「理」相符合了。這時，我們的行為就是

---

❸ 《二程遺書》，第一一，頁三。

「理」，「理」就是我們的行為，兩者已無二無別。這時，我們便已成了聖人。這境界，正是孔子所謂的「從心所欲而不踰矩」的境界。

　　為什麼能夠如此呢？這道理並不難懂。蓋「理」原就是我們的本「性」，並不是從外面強加於我們身上的。因此，只要我們能夠完全率（順）性而行，讓我們的本「性」如實表現在我們的行為上，我們的行為自然無不是「理」。

　　問題是有一個東西會妨礙這本「性」的表現。這東西就是「人欲」或「私欲」。

　　大抵人有身，便有自私之理，宜其與道難一。❸⁹

　　飢食渴飲，冬裘夏葛。若致些私吝心在，便是廢天職。❹⁰

　　正是為了防止「人欲」或「私欲」的產生，才需要有「敬」的工夫。

　　但依程子，「欲」畢竟不過是「理」之表現之太過者。所以，所謂防止「欲」之產生，究其實，也不過是防止「理」之表現太過罷了！所以，只要我們能時時戒慎恐懼、保持警覺（敬），以使我們的本「性」在表現而為行為時，都能表現得恰到好處，我們便可以達到聖人的境界了！

　　聖人與理為一，故無過不及，中而已矣！❹¹

---

❸⁹　同❸⁸，第三，頁六。

❹⁰　同❸⁸，第六，頁二。

❹¹　同❸⁸，第二三，頁二。

　　「性」便是「理」，「理」便是「天」。因此，「已與理一」，也就是「天人合一」、「天人無間」。程子認為「天」與「人」原就是合一的：

　　　　合天人，已是為不知者引而致之。天人無間。❷
　　　　天人本無二，不必言合。❸

　　天人本無二，所以，盡心便能知性，知性便能知天；「窮理」、「盡性」、「至命」三事可以一時並了。

3.「純亦不已」

　　以上是就本「性」之表現時而言。如果更進一步，兼就本「性」之表現時與不表現時而言，亦即兼就喜怒哀樂之「已發」與「未發」而言，則聖人便是如《中庸》所讚嘆的文王那樣「天德之純，純亦不已」的人。

　　《中庸》第二十六章說：

　　　　故至誠無息。不息則久，久則徵，徵則悠遠，悠遠則博厚，博厚則高明。……詩云：「維天之命，於穆不已。」蓋曰天之所以為天也。「於乎不顯，文王之德之純。」蓋曰文王之所以為文也。純亦不已。

　　針對這章，明道說：

---

❷　同❸，第二，上。
❸　同❸，第六，頁一。

　　「純亦不已」，天德也。「造次必於是，顛沛必於是」，「三月
　不違仁」之氣象也。❹

　　意思是說：「純亦不已」是指文王的天德而言；「純亦不已」的
氣象，也正是「造次必於是，顛沛必於是」與「三月不違仁」的氣
象。按「造次必於是，顛沛必於是」乃是《論語》中的話，其上一
句是「君子無終食之間違仁」，所以兩個「於是」的「是」，都是指
仁。由此可見，明道所指的「氣象」，乃是一個人始終謹守仁道之氣
象。也就是指一個人的本心本性（仁）始終昭昭不昧的氣象。而依
程子，能障蔽本「性」的，惟有「私欲」，所以《中庸》所稱讚的文
王，在程子，便應該是不論有事無事其本性始終不為「私欲」遮蔽
的人。「純」意謂其不雜有私欲。「不已」，從字面上看，固是指不間
斷。但本「性」之存在，實在無所謂間斷，其間斷，只是對我們而
言——當其被「私欲」遮蔽而不對我們顯現時，對我們來講，它便
是間斷了。所以，「不已」，事實上，只能是意謂它永不為「私欲」
所障蔽。

　　這樣的人，已經與「於穆不已」的「天命」十分相似，所以《中
庸》乃把兩者相提並論。

　　明白了這個道理，再來看本章前文所引的「佛言前後際斷，『純
亦不已』是也。彼安知此哉？……」那段文字，其涵義就可以看得
更加明白了！在那段文字中，明道認為孔子在川上感嘆說：「逝者如
斯夫，不舍晝夜！」並不是如東漢以來的儒者所以為的在感嘆時光
的流逝，而是從流水之晝夜不斷，領會到「性」體之昭昭不昧，永
不間歇。

---

❹　同❸，第一二，頁一。

如上所說的這種聖人，也正是喜怒哀樂「未發」時皆能持「中」，而「已發」時皆能「中節」（致和）的人。

4.「不累於外物」

從心靈安不安寧的角度而言，則聖人可以說是心靈完全不受外物擾亂的人。這是因為聖人在處事接物的時候，不存私心，不用私智，完全任由萬物共通的本「性」自然反應。見物之當喜則喜，見物之當怒則怒；我雖有喜怒，卻猶如沒有喜怒一般，因為這喜怒都是萬物共通的本「性」之自然反應，並不是從我的私心所發出的喜怒。也正因為這樣，我的心靈根本不會受到外物的擾亂，而可以「動亦定，靜亦定」。明道在《定性書》中，形容上述不存私心、不用私智，任由本「性」自然反應的情況為「廓然而大公，物來而順應」，並稱物來而順應，有喜怒猶如無喜怒的心境為「情順萬物而無情」，稱存私心與用私智為「自私」與「用智」，認為「自私」與「用智」正是心靈不得安寧的根本原因❹❺。《定性書》太長，不便徵引，我們且看另一段所說的：

> 萬物皆只是一箇天理，己何與焉？至如言「天討有罪，五刑五用哉；天命有德，五服五章哉」，此都只是天理自然當如此，人幾時與？與則便是私意。有善有惡。善則理當喜，如五服自有一箇次第以章顯之。惡則理當惡，彼自絕於理，故五刑五用。曷嘗容心喜怒於其間哉？❹❻

---

❹❺ 《明道文集》，卷三，頁一。
❹❻ 《二程遺書》，第二，上，頁一三。

　　這裏所說的，正是《定性書》所謂的「廓然而大公，物來而順應」，「情順萬物而無情」的情況。

　　像這樣的聖人，自能像天地一樣地包容：

> 聖人即天地也。天地中何物不有？天地豈嘗有心揀別善惡？
> 一切涵容覆載，但處之有道爾。 **㊼**

　　像這樣的聖人，自能把自己跟萬物一般看待：既不特別厚愛自己這一身，也不會以這一身為患：

> 人能放這一箇身公共放在天地萬物中一般看，則有甚妨礙？
> 雖萬身何傷？乃知釋氏苦根塵者皆是自私者也。 **㊽**

　　像這樣的聖人，自能隨遇而安，無入而不自得：

> 孔子所遇而安，無所擇。自子路觀孔子，孔子為不恭；自孔
> 子觀吾輩，吾輩便隘。惟其與萬物同流，便能與天地同流。 **㊾**

㊼　同**㊻**，頁四。

㊽　同**㊻**，頁一三。

㊾　同**㊻**，第六，頁四。

第六章　自然觀

　　以現代的眼光看來，二程思想之最有價值的部分，固然是上述的一套「成德之學」，且是以這套學問為主，但他們的思想並不限於這套「成德之學」，他們對宇宙萬象，對社會、政治，特別是對佛學，也都持有自己的一些看法。這些看法，自有其本身的價值。除此之外，以它們為背景，在它們的襯托之下再來觀看前述的「成德之學」，也可以看出許多以前所沒有看出來的意義。因此，即使只為了更完整、更深入地了解前述的「成德之學」，也有必要敘述一下他們的這些看法。

一、氣之生

　　依二程，構成現象世界的基本質料，乃是「氣」，「氣」則生自「理」。這點，前文已經說過，這裏不再重複。對於「氣」，程子有一個相當特別的看法，卻應該在這裏略作陳述。那就是他們認為「氣」並非永遠存在。反之，它們是不斷生成，又不斷消滅的。這跟「物質不滅」的看法有異。他們認為：天地之造化，並不需要收回已經消散之氣，再以它們為材料，去從事造化：

> 若謂既返之氣，復將為方伸之氣，必資於此，則殊與天地之化不相似。天地之化，自然生生不窮，更何復資於既斃之形、既返之氣，以為造化？❶

---

❶　《二程遺書》，第一五，頁四。

他們認為要了解這點，只需就近觀察我們的鼻息，就行了。他們說：人呼吸時所呼出的氣是不斷從「真元」生出來的；我們把已經呼出的氣，再吸回體內，只是為了要以它們來涵養「真元」（如水涵養魚）；我們再呼出的氣，乃是「真元」新生的，並不是吸入的舊氣。「氣則自然生。人氣之生，生於真元。天之氣亦自然生生不息。」海水的情形也是一樣，「海水因陽盛而涸，及陰盛而生，亦不是將已涸之水卻生，水自然能生。」

二、萬物之異

萬物都是由氣所構成的。氣基本上可以分為兩種：陰氣與陽氣（簡稱陰與陽）。萬物之不同，歸根結底，乃是由於陰陽之不同。程子曾以兩扇磨之互磨來比喻陰陽之相互作用。陰陽相互作用之所以會產生不同的萬物，乃是由於「陽常盈，陰常虧」，兩者不齊，猶如兩扇磨之所以會磨出許多東西，是由於磨在轉動而上下兩扇磨之齒不齊❷。

前文說過，萬物之性，有相同的一面，也有相異的一面；相同的「性」，就是「性即理」的那個「性」，相異的「性」，則是程子所謂的「氣質之性」。萬物的「氣質之性」，是由氣所決定的（「質」是比較稠密的一種氣）。氣如何決定萬物的性呢？原來陰陽二氣在構成萬物之前還先經過了一道手續，那就是它們兩者以不同的比例配合而成五種氣，再由這五種氣互相配合成萬物。這五種氣，就是金、木、水、火、土。它們很久以來就被稱為「五行」，由於它們代表五種性質，所以又被稱為「五德」或「五性」。依程子，每一個事物都

❷ 同❶，第二，上，頁一五。

具有這五種氣，只是五者的比例各不相同而已；萬物之不同，也正是由於這五者的比例不同；在個體身上所佔的比例最大的那一種氣，它的特徵在該個體身上顯得最突出，如草木得土氣多的，就呈黃色，得金氣多的，就呈白色❸。

三、五德之運

程子又認為天地間的五種氣會交替當道，成為一時的主宰。五氣的這種交替，就是所謂的「五德之運」——「運」者，「運行」之謂，所以五氣又叫做「五行」。程子認為就歷史而言，唐代是土德當道，宋代則火德當道。

> 五德之運，卻有這道理。凡事皆有此五般，自小至大，不可勝數，……氣運不息……唐是土德，便少河患。❹

四、天　地

宇宙之間充滿著氣，氣凝聚成形而為地，其他的空間，都是天。「凡有氣莫非天，凡有形莫非地。」❺

天是沒有極限的。程子針對《易傳》「範圍天地之化」這句話說：「天本廓然無窮」，「天地之化」原無範圍可言；我們之所以「範圍天地之化」，是因為我們的眼力有其極限，為了觀測寒暑之序，日

---

❸　同❶，第一五，頁一五。
❹　同❶，第一九，頁一二。
❺　同❶，第一五，頁三。

月之行，只好姑且劃定一個範圍；並不是天地之化真有一個像城郭那樣的東西圍住它，使它只能在一定的界限內進行。「假如言日升降於三萬里，不可道三萬里外更無物；又如言天地升降於八萬里中，不可道八萬里外天地盡。」❻

至於地，則只是浮於天中之一物，它是氣凝聚而成的，就像聚集不散的雲氣那樣。因為它久聚不散，所以便與天相對。所謂地，實即是土，土也只是一種東西。地有一定的厚度，地之下，還是天❼。

五、日　月

日月，陰陽發現盛處。❽

也就是說日月是陰陽之最顯明、最強盛者。

日是陽之精。雖然看起來像輪子或餅，其形卻無限；因為其形若有限，其光亦必然有限；其光既有限，則便有日光照不到的地方，但程子認為絕對沒有這個道理。他認為氣無所不在，到處都有其精者，因此，太陽並非如舊說所說的以須彌山為中心，只在三萬里中升降出沒；卻是無所不在，而到處看起來都像一個輪子或餅❾。

至於日蝕，程子認為其發生有一定的時間，《春秋》之所以記載日蝕之事，目的是要使「人君因此恐懼修省」。他認為如在治世而日

---

❻　同❺，頁五。

❼　同❶，第二，下，頁五。

❽　同❶，第六，頁二。

❾　同❶，第二，上，頁一七。

蝕，並不會造成災禍；如在亂世，則會❿。

六、雲、雨、電、雷、霜、露、雹

雲、雨是「氣之蒸成」⓫。必須自東自北而風，才會致雨；自南自西則不會；因為東與北是陽氣之所在，「陽唱而陰和」就會致雨⓬。

電是「陰陽相軋」。所謂相軋，就如石相磨而火光出。雷則是陰陽相擊。故它是天地之怒氣。怒氣乃是惡氣。壞人被雷霆震死，是因為壞人作惡，有惡氣與天地之惡氣相擊搏，所以會被震死。

霜是金氣，露是星月之氣；有人說露結為霜，這說法是不對的。

雹是陰陽相搏之氣，乃是沴氣。聖人在位的時候，不會有雹；即使有，也不會為害；雖不為害，沴氣自在⓭。

七、物種起源

萬物之生，有「氣化」而生與「形化」而生（又稱「種生」）兩種方式。有的物種，一直都由「氣化」而生；有的物種，則最初是「氣化」而生，其後便不再行「氣化」，而行「形化」（即由既有之物生出「種子」，再由「種子」生出後代）。

前一類物種有螢火蟲、麟等。「腐草化螢。」「麟亦無種，亦氣

---

❿　同❶，第二二，下，頁一。
⓫　同❶，第二二，上，頁八。
⓬　同❶，第二，上，頁一七。
⓭　同❶，第二，上，頁二〇。

化。」

後一類物種，則包括蟣蝨與人類在內。「且如人身上著新衣服，過幾日，便有蟣蝨生其間，此氣化也；氣既化後更不化，便以種生。」人類初民，也是氣化而生，但現在就我們所知道的而言，已無氣化之人。但若海中島嶼，為我們所看不到的，焉知沒有無種之人生於其間❹。

八、人 類

動植物之中，有的所稟的天之氣比較多，有的所稟的地之氣比較多；「本乎天者，親上；本乎地者，親下。」但植物也稟得有五行之氣，只是稟得土氣較多而已。

人，則是「純氣」所形成。「人乃五行之秀氣，此是天地清明純粹之氣所生也。」❺

人有形體，又有魂魄，形體固然是氣所構成，魂魄亦不例外。人死之後，所稟之氣，分別歸於天地。

> 魂只是陽，魄只是陰；魂氣歸於天體，魄歸於地是也。❻

職是之故，程子認為古人祭祀用「尸」，極有深意。因為人死之後，魂氣既散，一定要有一個同類的東西給它依泊，它才能降臨。扮作「尸」的人，既是人，又是死者之骨肉，人與人本為同類，骨

---

❹ 同❶，第一五，頁一四。

❺ 同❶，第一八，頁一三。

❻ 同❺。

肉更是「一家之類」，所以能引得魂氣來依泊❶。

九、鬼、神、妖

程子有時把鬼與神聯在一起講，如說：

鬼神只是一箇造化。❶

這時候，他顯然是把鬼跟神視為一類，而認為它也是「天」之生生的作用。「『生生之謂易』。生生之用，則神也。」

有時，他卻把鬼單獨提出來講。

鬼是往而不返之義。❶

這種時候，他似乎把鬼視同於魂魄。因為「往而不返」，正好跟前文說到「魂魄」時所說的人死後魂魄歸於消散的話相應。

但不管是神是鬼，都不外乎「氣」。鬼魂固然是氣，神也一樣。因為程子說過：「只氣便是神。」❷又說過：「氣外無神，神外無氣。或者謂清者神，則濁者非神乎？」❷

然而程子卻不認為人能看見鬼神。他說：古人談鬼神，都只是

---

❶　同❶，第一，頁五。
❶　同❶，第一八，頁三二。
❶　同❶，第六，頁一。
❷　同❶，第二二，上，頁八。
❷　同❶，第一五，頁一四。

關聯於祭祀而談，但也只是說「如聞嘆息之聲」，並不曾說聽到怎樣的言語，或看到怎樣的形狀。他說他曾問過好談鬼神的人，結果發現他們都未曾親自聞見，而只是聽別人說。他又說：即使是實所聞見，也不足信；聞見鬼神的這些人，大抵不是心理有毛病，就是眼睛有毛病❷。

至於「妖」，程子認為是沒有的。

> 只妖亦無，皆人心興之也。❷

「人心興之」，就是說那是心靈想像出來的。他說有一次他到泗州，正好碰到所謂的「大聖」出現，他便問人家這「大聖」的模樣如何，那曉得大家說的都不一樣。他認為只此便足以證明其為虛妄。

十、神　仙

程子有時又把神與仙連在一起講，這時，他指的其實就是「仙人」。

有人問他有沒有神仙，他答說：「若說白日飛昇之類則無，若言居山林間保形鍊氣以延年益壽則有之。」保養之能延年，其道理，猶如一爐火放在風中則容易燒盡，放在密室中則不容易燒盡❷。

---

❷　同❶。
❷　同❶，第二二，上，頁八。
❷　同❶，第一八，頁一〇。

十一、龍

　　程子認為有龍。龍只是獸，不是神。他說：茅山華陽洞曾跳出一條龍，樣子很可愛，有時還可以在乾的地方行走，走起來，其步態像虎。茅山這條龍不咬人，北五臺的，則會咬人。又有人曾在鐵狗廟下掘到一個龍卵，後來寄存在金山寺，龍居然「能壅水上寺門取卵」。龍是卵生，還有一種龍則是胎生。

　　至於雲從龍，則是因為龍是陰物，出來的時候，「濕氣烝然自出，如濕物在日中，氣亦自出。」❷❺

　　有人問他說，龍能變有變無，是不是真的。他說不可能變無，只是能隱能現而已。其所以能隱能現，則是因為牠能屈能伸❷❻。

十二、感　通

　　　　天地之間，只有一箇感與應而已，更有甚事？❷❼

　　程子十分樂道感通或感應之事。這是因為感通或感應跟理學之課題密切相關之故。他舉過許多感通的事例，有的簡直近乎神奇，如有一個人，平生不識一個字，有一天生了大病，竟能背出一部杜甫的詩。程子的解釋是：這世上實際上有杜甫的詩存在，這個人則由於在病中精神特別清明專一，遂與它發生感通❷❽。

---

❷❺　同❶，第一五，頁二二。

❷❻　同❶，第二二，下，頁二。

❷❼　同❶，第一五，頁七。

他認為死者託夢也是一種心靈感通的現象。

此外，夢兆與卜筮，也是基於感通。如高宗夢見傅說，便是因為高宗求聖賢之心甚誠，而傅說正是聖賢之人，故終於應其感。卜筮時，求卜的人如果很誠心，也會獲得回應：「大抵人心虛明，善必先知之，不善必先知之；有所感，必有所應，自然之理也。」㉙

萬物之所以能感通，是因為它們都以「理」作為本質。

十三、天人感應

不但人與人、人與物會感通、感應，天與人也會感通、感應。這點，程子也屢次談到。他所提的事例很多，如《春秋》所記載的「隕石於宋」、「六鶂退飛」，他都認為是天對人事之回應。他說石隕於宋，而《春秋》卻記載為「隕石於宋」；伯夷之廟震，卻記載為「震伯夷廟」，都是記載者在表示那是天在行事㉚。

另外一個例子是東海有孝婦被殺而致天旱；後來人家把害她的婆婆殺了，天才降雨。天旱是冤氣所招致的，降雨則是冤氣消散的結果㉛。

水災和旱災，是暴虐之政所感；人有不善之心，積之既多，也足以動天地之氣（如疾疫之氣）。堯舜之民仁壽，桀紂之民鄙夭；壽夭是善惡之氣所致——仁是善氣，所感者亦善；鄙是惡氣，所感者亦惡㉜。

㉘ 同❶，第二，上，頁二五。
㉙ 同❶，第一八，頁三四。
㉚ 同❶，第一五，頁一三。
㉛ 同❶，第一八，頁四一。

麟是和氣所致。

嚴子陵與漢光武同寢，腳擱在皇帝身上，觀測天象的太史，便看到客星侵犯帝座，這也是天回應人事之一例❸。

十四、符　瑞

符瑞之事，是有的。「國家將興，必有禎祥；人有喜事，氣見面目。」

至於五代為亂世，卻偏偏多祥瑞，則是一種反常現象，猶如盛冬時發出一朵花。漢文帝時多災異，漢宣帝時卻多祥瑞，則和「小人多行不義，人卻不說；君子未有一事，便生議論」同一道理，也和「白者易污」同一道理❸。

以上的自然觀，有很大的一部分都是因襲舊說，如陰陽、五行之觀念，早在先秦就有，其後一直是中國人宇宙觀之基本觀念。「五德運行」之說，為陰陽家首創；「天人感應說」、「招致說」，則在漢代風行一時；以氣為構成萬物的基料，也是一種源遠流長的思想，遠者有見於《管子》等書的所謂先秦唯物論思想，近者則有張載之「氣一元論」。

但程子對自然現象的看法，至少有兩點是超越前人的。第一，他們徹底以自然原因來說明自然現象，甚至把鬼神都說成一種氣的存在。其他如破斥妖怪之說，掃除籠罩於「龍」、「神仙」身上的神秘氣氛，都有破除迷信之作用。第二，他們一貫以「理」作為萬象

---

❸　同❸，頁三一。

❸　同❶，第二三，頁三。

❸　同❶，第一八，頁四二。

之根據，常常說某物某事「亦有此理」，某物某事「絕無此理」，其意都是說它們有「理」作為其存在之根據，或沒有「理」作為其根據。這是他們自然觀之最大特色，也是他們之創見。

　　不過，二程自然觀給我們印象最深的，恐怕還是它的不真確。根據今天的知識，誰都可以看出上述二程對自然界的看法很大的一部分是錯誤的。有趣的是，他們竟然都認為這些現象有「理」作為它們之根據！然則他們心目中的「理」究竟是否如他們所說的客觀的絕對真理，也就不言而喻了。

第七章　社會與政治思想

一、史　觀

程子以為歷史之演變是由於氣之盛衰。這又可以分為兩點來講。第一點與上文所說的「五德運行」有關。「五德運行」，就是金、木、水、火、土五種氣，輪流當道，主宰一時之天道與人事。一種氣當道，就是一種氣比其他四種氣更強，因而居於支配的地位。但盛極必衰，等到這種氣之力量衰弱時，能勝過它而克制它的另一種氣，便代之而起，居於支配的地位。所以五德代興而影響歷史，究其實，仍只是氣之興衰在影響歷史。

第二點，則不就五種氣彼此相對的盛衰而言，而就全體的氣在時間之長流中之盛衰起伏而言。就這點而言，程子認為全體的氣不但在整個歷史中有盛衰之變化，而且在一代、一君的期間亦有盛衰之變化。而盛衰之變化，又有兩種情形：一是由盛而衰，衰而復盛；一是既衰之後，永不復盛。對這些，程子曾舉了一些實例來說明。就整個歷史而言，他認為二帝三皇的時代氣盛，後世氣衰；就一代（周代）而言，則文武成康時氣盛，幽厲平桓時氣衰；就一君（唐明皇）而言，則開元時氣盛，天寶時氣衰。衰而復盛的例子，如三代時衰而漢時復盛，漢末時衰而魏時復盛❶。

由於氣有這些變化，所以歷史上之人物與風氣便互有差異——這情形，猶如春、夏、秋、冬所生之物各異。而春氣盛時所生之物，又與春氣衰時所生之物不同❷。

---

❶　《二程遺書》，第一八，頁一三一一四。

　　職是之故，各種典章制度、衣冠、器物都應該因時制宜。「禮，時為大，須當損益。夏，商周所因，損益可知；則能繼周者，亦必有所損益，如云行夏之時，乘殷之輅，服周之冕，樂則韶，舞是夏時之類。」❸

　　雖說氣有衰而復盛的情形，但整個來講，人類之黃金時代是在上古，而這時代已一去不復返了！以後惟有每況愈下。關於這點，程子曾舉一件事情來做比喻：「譬之一片地，始開荒田，則其收穀倍，及其久也，一歲薄於一歲。」❹這可以從人的壽命與體形看出來：上古之人壽命長，後世之人壽命短；上古之人高大，後世之人短小。也可以從國家之治亂與治道看出來：「先王之世，以道治天下；後世只以法把持天下。」❺「三代而後，漢為治，唐次之；漢大綱正，唐萬目舉。」❻

　　程子又以為歷代風氣習尚之形成，亦有受前人作為之刺激或影響者。他說：秦代因為暴虐無道、焚書坑儒而覆亡，漢代興起之後，鑑於它的弊害，便崇尚寬厚，優禮經術之士，因此，儒者眾多。儒者多，雖然未知聖人之學，但宗經師古，識義理的人多，所以王莽之亂時，多守節之士。世祖繼起之後，因而特別褒尚名節，職是之故，東漢之士多名節。但他們知名節而不知節之以禮，竟致流於苦節，當時名節之士甚至有視死如歸者。苦節既達於極端，魏晉之士遂變而為曠蕩，尚浮虛而亡禮法。禮法既亡，便與夷狄無異，故招

---

❷　同❶，第一五，頁一〇。

❸　同❶，頁三。

❹　同❶。

❺　同❶，第一，頁三。

❻　《二程粹言》，第一，頁三一。

致五胡亂華。夷狄之亂，亂到極點，必有英雄起而平定之，因此，隋唐統一天下。隋不能算有天下，不過驅除外族罷了。唐是名符其實地有天下。但貞觀開元間，雖號稱治平，卻有夷狄之風，三綱不正，無父子君臣夫婦之道。其始作俑者，則是太宗。因為這緣故，所以後世子弟都不可支使，玄宗才支使肅宗，後者便篡位，肅宗才支使永王璘，後者便造反。君不成君，臣不成臣，所以藩鎮不遜，權臣跋扈陵夷，而有五代之亂❼。

照他這個說法，則氣並不是左右歷史的唯一力量。人類的思想與行為，在一定程度上，也起著作用。

二、社會制度與行為規範

要維持社會生活，必須要有各種制度和規範。

程子在語錄中最常談到的制度和規範，就是「禮」和「宗子法」。

「禮」有廣義與狹義之分。廣義的「禮」，就是與「樂」並提的「禮」。這個意義的「禮」，原只行於周代貴族之間（「禮不下庶人，刑不上大夫」），是以封建制度、井田制度、宗法制度為基礎的一套上層社會的行為規範。後來的儒家加以理想化，主張把它擴大推行於全民之間，以維持社會秩序。自此以後，它便成為一般行為規範之總稱。狹義的「禮」，則是指各種儀式而言，如祭禮、婚禮、冠禮、喪禮等等。

先說狹義的「禮」。二程在語錄中，與學生討論這種「禮」的地方很多。他們論及的禮，有祭禮（如禘、祫、廟、拜掃等祭）、冠

❼ 《遺書》，第一八，頁四○。

禮、婚禮、喪禮等等，討論得非常詳盡，甚至連祭酒用幾奠、神主為什麼用栗木做成……等細節，都談到了。伊川更以許多年的時間修成了六禮──冠禮、婚禮、喪禮、祭禮、卿禮、相見禮。這篇文字，現在還可以在《伊川文集》中看到。其內容自然比語錄所記載的完備許多。程門對禮的重視，由此可見。

至於廣義的「禮」，程子對它有以下幾點認識：

第一，任何社會都有禮樂；沒有禮樂，社會必然無法存在。人往往看到禮崩樂壞，便說禮樂已經亡失。殊不知禮樂並未亡失。只要國家一日存在，便還有一日之禮樂，「蓋由有上下尊卑之別也。」即使盜賊，亦有禮樂，「蓋必有總屬，必相聽順，乃能為盜，不然則叛亂無統，不能一日相聚而為盜也。」❽

第二，「禮只是一個序，樂只是一個和。」而且禮乃是天地之序，樂乃是天地之和。換言之，禮樂乃是天地本有的。「天下無一物無禮樂，且置兩隻椅子，才不正，便是無序，無序便乖，乖便不和。」❾

第三，禮的作用，是別上下尊卑；樂的作用，是促成和諧；兩者缺一不可，且必須維持均衡。「禮勝則離，故禮之用，和為貴。……樂勝則流，……知和而和，不以禮節之，亦不可行。」❿用禮的時候，必須以樂來調濟它；用樂的時候，必須以禮來節制它。「禮」為什麼能別上下尊卑呢？這是因為「禮」原產自階級森嚴的社會，它對上下尊卑的分別特別嚴格。它規定不同地位的人各自可以享用如何如何不同的居室、車乘、服飾、器物、食品；規定他們

---

❽　同❼，頁三二。

❾　同❽。

❿　同❼，第一九，頁八。

各自可以有如何如何不同的婚喪喜慶之儀式與排場；規定他們之間有如何如何不對等的權利與義務等等。它的一個基本原則，便是「尊尊」，即尊崇地位高的人。作以上各種規定，即所以尊尊。關於嚴別上下尊卑的重要，程子有非常深刻的認識。依他，嚴別上下尊卑，乃是為了要永保帝王高高在上的地位。他說「守國者，必設險」，山河之固，城郭溝洫之阻，不過是其中之大者，至於以不同的權力與不同的物采來分別尊卑貴賤，也不外是為了同樣的目的，它們都是用以「杜絕陵僭、限隔上下」的手段。所以帝王如果想長久保住他的江山，便非嚴別上下尊卑不可⓫。

　　「宗子法」是程子所重視的另一項社會制度。他曾跟門人多次談到它。他說：立「宗子法」，可以「管攝天下人心，收宗族，厚風俗，使人不忘本」⓬。又說：若立「宗子法」，「則人知尊祖重本；人既重本，則朝廷之勢自尊。……只有一節尊卑上下之分，然後順從而不亂。」⓭

　　「宗子法」是什麼東西，竟有這麼大的效用？

　　「宗子法」，也就是一般所說的「宗法」。這是周代首創的一套鞏固氏族組織的制度。它的基本要點，就是在眾多兄弟中立一個「宗子」，作為其他兄弟之尊長，以統轄他們。當然，這套制度與祭祀祖先有很密切的關係。「宗」，就是「尊」的意思，本來是指「祖廟」而言。「宗子」，照規定一概由嫡長子充任，他有主祭祖先的權利，是祖先一脈相承而不亂的象徵，被其他兄弟所尊，所以稱之為「宗」。「宗」又有「大宗」、「小宗」之別。周王室的嫡長子，主祭

⓫　《粹言》，第一，頁三一。

⓬　《遺書》，第六，頁四。

⓭　同⓬，第一八，頁四四。

周姓氏族的共同祖先，是全天下之「大宗」。周王室嫡長子以外的
「別子」，分封到各封地去，各自在他的封地上建立自己的邦國，成
為一國之君，其後繼承一國君位的嫡長子，就是其所治之國的「大
宗」。這「大宗」的弟弟以及庶出的兄弟所生的嫡長子，在他們父親
死而入廟後（供奉父親之靈的廟，叫「禰廟」），祭祀時擔任主祭，
也被他們的弟弟以及庶出兄弟所宗，這就是「小宗」。與這套辦法有
關的規定，就叫做「宗法」。

　　「宗法」的規定，大體的講，有如下幾個要點：

　　1.定期祭祀「宗廟」（供奉祖先的廟）與「禰廟」（供奉去世的
父親的廟），由「大宗」、「小宗」主祭。

　　2.一年之中，同「宗」成員要有數次聚餐。

　　3.為同「宗」的死者服喪。

　　4.同「宗」不婚。

　　5.兄弟分居而共財。

　　從以上的敘述看來，「宗法」顯然是一套團結氏族成員的辦法。
它一方面定出一個尊長來統制團體中之成員，一方面又運用種種方
法，如祭祀共同的祖先、共有財產、互相服喪、聚餐等，來加強彼
此的連繫。如此，軟硬兼施，剛柔相濟，以達成鞏固氏族的目的。

　　這套制度，原來只行於貴族——在先秦，只有貴族才有「族」、
有「姓」（氏），庶民是沒有「族」、沒有「姓」（氏）的——秦以後，
貴族消滅了，但一般人民卻普遍效法以前的貴族而立族、立姓，「宗
法」大概也是在這個情勢之下，成為通行於全社會的制度。

　　這個制度之原始目的，固然只在鞏固家族，但秦漢以後的中國
社會乃是以家族為基本組織的一個社會，在這樣的一個社會，鞏固
家族，即所以鞏固社會，故這套制度確是有利於全社會的一套制度。

何況其分別尊卑上下的精神，還很有助於維持帝王之高高在上的地位呢！

了解了這些，便可以明白程子何以會認為「宗子法」有那麼大的效用了！

除了「禮樂」與「宗子法」，程子也十分重視倫理道德。這是幾乎不待說的——觀乎二程思想主要是一套「成德之學」，便可以推想而知。事實上，他們講道德幾乎已經講到冷酷的地步，「餓死事小，失節事大」這句話，就是伊川所講的。他的幾個故事，也都告訴了我們他律己與責人是如何嚴厲。「餓死事小，失節事大」這句話，是這麼來的：

有人問伊川：「寡婦，按道理說，是不應娶的，對不對？」伊川說：「不錯。討老婆是來配自己的。假如娶一個失節的人，自己也就成為失節的人了！」這個人又問：「有的寡婦，貧窮而又無所依靠，她們可以再嫁嗎？」伊川說：「這是後世的人怕凍死餓死，才有這種說法。但是餓死是小事情，失節才是嚴重的事呀！」**⓮**

這種道德，確實已經近乎殘忍。但他的道德猶不止是殘忍而已，他的道德且是非常不公平的道德。以下的一則議論可以說明這點。這則議論是關於鰥夫再娶的。

又問：「再娶皆不合禮否？」曰：「大夫以上無再娶禮。凡人為夫婦時，豈有一人先死，一人再娶再嫁之約？只約終身夫婦也。但自大夫以下有不得已再娶者。蓋緣奉公姑或主內事耳。如大夫以上至諸侯天子，自有嬪妃可以供祀禮，所以不許再娶也。」**⓯**

按「奉公姑」是服侍公公婆婆。「主內事」則是主持家務。其他

⓮ 同**⓬**，第二二，下，頁三。

⓯ 同**⓬**，第二二，下，頁四。

文義顯豁，無庸解說。

大夫以下的人再娶，只是為了要有人「奉公姑」或「主內事」。好一個可敬的動機！但是沒有人「奉公姑」或「主內事」，難道竟比「餓死」更嚴重嗎？而大夫以上的人不可再娶的理由，竟是因為他們已經有了許多姨太太！照這樣說，如果允許一個女人在丈夫之外再擁有幾個「如」丈夫，然後禁止她們再嫁，是不是更合「理」一點？

對照以上兩則議論，可以看出：程子的道德，乃是十分偏袒有權者的一種道德。它只一味強調臣子對君王的無條件效忠，子女對父母的無條件盡孝，女人對男人的無條件守貞，奴婢對主子的無條件盡義，而對君王、父母、男人、主子卻不作同樣的要求。因此，這種道德，可以說幾乎完全是為了有權者的利益而設。

這點，我們又可以從另外的一個例子看出來。

有一次，伊川對孫覺說諸葛亮有儒者氣象。孫覺不以為然，說：聖賢行一不義，殺一無辜，雖得天下，不為。武侯為了保住區區一個蜀國，不知殺了多少人。伊川為武侯辯護說：行一不義，殺一無辜，以利一己，則不可。若以天下之力誅天下之賊，殺戮雖多，亦何害？而他之所以判定武侯是在誅天下之賊，則不過是根據「蜀志在復興漢室」一事❶❻。

伊川這番言論，透露了他的兩點看法：

第一，為了誅天下之賊，殺戮了多少無辜都無妨。

第二，奪取既存統治者之政權的，便是賊。

程子如何關心既得利益者的利益，於此可見！

---

❶❻　同❶❷，第一八，頁三八。

三、政治思想

　　二程的政治思想，大體上是以孔子和孟子的政治理念為張本。其用意是要以孔、孟的政治理想來針砭漢唐以來（特別是五代以來）的政治現實。孔、孟標榜唐虞三代之政，表面上看來，好像是主張復古，但實際上，他們口中的唐虞三代並不是本來的唐虞三代，而是經過他們理想化與美化的唐虞三代；唐虞三代不過是他們理想之所寄。因此，他們標榜唐虞三代，實即標榜自己的理想。二程在政治思想上師法孔、孟，正是想藉他們的理想來革新當時的朝政。在他們那個時候，政治上有所謂的新舊黨對立。新黨以王安石為首，代表的是南方的勢力。舊黨為北方集團，又分裂為洛、蜀、朔三派。各黨派都有其獨特的政治意見。王安石的新黨是激進的革新派。這是誰都知道的。舊黨在反對王安石之新政上，雖然立場一致，但理由卻不同。以伊川為首的洛派，無論在政見上或態度上，都跟新黨有許多共通之處，而反倒與正統北方派的朔派距離較遠。譬如錢穆在其《國史大綱》中就說：洛派與新黨都著重經學，朔派則著重史學；洛派與新黨都崇尚理想，朔派則重視經驗；洛派與新黨皆主張拿唐虞三代來換卻秦漢隋唐，朔黨則主張就漢唐相沿法制，在實際利害上，逐步改良。從這個觀點看來，二程雖然站在舊黨的陣營，我們卻不能以守舊目之。

1.理想的政治

　　二程心目中的理想政治，乃是所謂「先王之世」的政治。「先王之世」的政治，是怎樣的政治呢？

　　先王之世，以道治天下；後世只是以法把持天下。

　　「先王之世」蓋指唐虞三代；而所謂後世，則是秦漢以下。程子認為：「為治而不法三代，苟道也；虞舜不可及已，三代之治，其可復，必也。」**❶**

　　那麼，「道」是什麼？「法」是什麼？

　　「道」，自是二程所說的「理」（「道」即「理」，亦即現在所謂的道德原理。）因此，「以道治天下」，用傳統的話來講，就是「德治」（或「禮治」）。「以法把持天下」，則就是與「德治」對立的「法治」——不是現代所謂的「法治」，而是我國法家所行的政治。這點，可以拿語錄中另一則類似的記載來印證：

　　先王以仁義得天下而教化之，後世以智力取天下而糾持之。**❸**

　　貴「以道治天下」而賤「以法把持天下」，反映的完全是儒家傳統的政治觀。

　　「德治」與「法治」之爭，固然從先秦便已開始，而且此後一直繼續不斷，但在漢代以後的實際政治上，「德治」與「法治」實已並行不悖（漢以後的政治，無不是陽儒而陰法）；不但並行不悖，而且相輔為用。所以二程雖以「德治」為理想，但也不完全排斥「法治」。

　　聖王為治，修刑罰以齊眾，明教化以善俗。刑罰立，則教化

---

❶　《粹言》，第一，頁三〇。
❸　同**❶**，第一，頁三四。

行矣，教化行而刑措矣。雖曰尚德不尚刑，顧豈偏廢哉！ **⑲**

　　這雖是程子想當然的說法，卻也反映了秦漢以來的現實。

　　他在談到秦法時，也承認：「秦法固不善，亦有不可變者，罷侯置守是也。」「罷侯」，就是廢去封建諸侯；「置守」，則是建立郡縣而任命郡守縣令以治之。程子認為這是秦代制度之不可變更者，而廢封建、置郡縣，則正是法家政治主張之重要的一環。

　　「先王」的政治與後世的政治之別，也就是「王政」與「霸政」之別。

　　王、霸之辨，始於孟子。明道於熙寧二年受命為監察御史，曾上奏表論王、霸之辨（見《明道文集》卷二）。

　　二程不但於政治上談王、霸之辨，他們也於政治主張上談義、利之辨：有一次，伊川對人們屠宰老耕牛的作法深致不滿，有人就說這是沒有辦法的事，因為牛老不可用，殺了牠，還可以得到半隻牛的價錢，再借一些錢，合起來買一隻健壯的牛，不然，就得廢耕，而且也沒有芻粟養無用之牛。伊川就批評他只知計利而不知義，並告訴他：「為政之本，莫大於使民興行。民俗善而衣食不足者，未之有也；水旱蟲之災，皆不善之致也。」 **⑳**

　　伊川的這番議論，未免無視於現實之困難，而且「民俗善而衣食不足者，未之有也」這說法，也不符合事實。

　　二程的另一個政治理想，則為「公天下」與「禪讓」。但他們對後世「傳子」的作法也有一番辯解，認為這仍是「至公之法」：

---

⑲　同**⑱**，頁三〇。

⑳　《遺書》，第二一，上，頁二。

> 五帝公天下，故與賢；三王家天下，故與子。論善之盡，則
> 公而與賢，不易之道也。然賢人難得，而爭奪興焉。故與子
> 以定萬世，是亦至公之法也。㉑

依這說法，「傳子」，乃是為了避免爭端；避免爭端，則是為了
維持天下的太平——仍然是以天下的利益為念。

2.為政之道

程子崇尚的是「德治」。依《論語》，「德治」大概有如下幾個要
點：

第一，統治者應該具有高尚的品德。

（「為政以德。譬如北辰，居其所，而眾星拱之。」

「政者，正也。子帥以正，孰敢不正？」）

第二，以「道德」和「禮制」，而不以「法令」和「刑罰」來統
治人民。

（「道之以政，齊之以刑，民免而無恥；道之以德，齊之以禮，
有恥且格。」）

第三，對人民施行「教化」。如何「教化」呢？一是統治者以自
己的德行作表率，在無形中薰陶感化人民。這是一種不言之教。（「無
為而治者，其舜也與；夫何為哉？恭己而正南面而已。」）一是有形
的教化，即把禮樂教給人民。

二程語錄中，有一則記載說：

> 治道亦有從本而言，亦有從事而言。從本而言，惟從格君心

㉑ 《粹言》，第一，頁三四。

之非，正心以正朝廷，正朝廷以正百官。……❷❷

另一則記載說：

> 談經論道則有之，少有及治體者。如有用我者，正心以正身，
> 正身以正家，正家以正朝廷、百官、至於天下……❷❸

這講的，正是《論語》中的「為政以德」、「恭己而正南面」、「子率以正」等等。

這是所謂的「治道之本」，或「治體」。此外，程子認為還須輔之以「刑罰」。這在上文已經說過，此處不再重複。

此外，程子還強調為政的兩個要領，那就是「貴貴」與「尊賢」。

> 養親之心，無有極也。貴貴尊賢之義，亦何有極乎？❷❹

「貴貴」，就是前文論社會思想時所說的「尊尊」，也就是嚴分上下尊卑，以「杜絕陵僭，限隔上下」。

「尊賢」，則是尊重有德之士。這自是「德治」應有之義，但也跟選拔人才有關——從「尊賢」的主張可以看出：他們選拔人才，必重視其品德。

人才，也是二程之政論所大力強調的：

---

❷❷　《遺書》，第一五，頁一七。
❷❸　《遺書》，第二，上，頁五。
❷❹　《粹言》，第一，頁二九。

> 天地生一世人，自足了一世事，但恨人不能盡用天下之才，
> 此其不能大治。❷⑤
> 善言治天下者，不患法度之不立，而患人材之不成，……人
> 材不成，雖有良法美意，孰與行之？❷⑥

這似是鑑於王安石新法因推行不得其人而全失立法本意之慘痛
經驗，有感而發的話。

至於法度，也是程子所重視的。

> 為政必立善法，俾可以垂久而傳遠。若後世變之，則末如之
> 何矣！❷⑦

關於法度，他有一項特別的看法：

> 居今之世，則當安今之法令。治今之世，則當酌古以處時，
> 制度必一切更張而可為也，亦何義乎？❷⑧

這似乎是針對王安石之變法而言。從這話看來，程子似乎不像
王安石那麼激進。不過，這是就態度而言，若就政見之內容而言，
他們之間，倒有不少相同之處。

明道熙寧年間上書神宗，陳治法十事，其中比較重要的有：立

❷⑤ 《遺書》，第一，頁二。
❷⑥ 同❷⑤，第四，頁一。
❷⑦ 《粹言》，第一，頁三二。
❷⑧ 《遺書》，第二，上，頁四。

帝王之師、均田、設學校、兵歸於農、吏胥用士人等，都與王安石
之議論相合。

第八章　闢佛言論

如前所述，理學之產生，在相當程度上，是為了解除佛教對中國固有文化與傳統社會的威脅，而理學本身也吸收了不少的佛教成分。因此，佛教始終是理學家注目的一個焦點，他們對它有很多的討論與批評。

一、佛教之盛況與禍害

在二程心目中，佛教乃是一個莫大的禍害。他們認為「楊墨之害，甚於申韓；佛老之害，甚於楊墨」。其所以特別有害，乃是因為「其言近理」，非楊墨所能比❶。據他們所說，當時幾乎「人人談之」，其勢力簡直「瀰漫滔天」。因此，其禍害也就「無涯」無限❷。

對這個情勢，他們也自覺無能為力，而竟致歸之於命，「異教之說，其盛如此，其久又如是，亦須是有命。」❸這是因為它極為盛行，天下之士，往往自然而然地就投歸其門下。因此，很難「與之力爭」❹。

佛教何以會有這麼大的魅力呢？程子曾經談到其中一個重大的原因。那就是它特別關心生死問題，並對它做了許許多多的討論（事實上，它還提出了一個似乎很有效力的超脫生死的方法）。程子也承認「下俗之人」都很畏懼生死，生死問題乃是他們極度關心的問題。

---

❶　《遺書》，第一三，頁一。

❷　同❶，第一，頁二。

❸　同❶，第二，上，頁一九。

❹　同❸。

佛教既針對他們極度關心的問題而提出解決的辦法，也就難怪他們會趨之若鶩。程子批評它說，這是「以生死恐動人」❺。話固然說得不錯，卻也無法否認它擊中了人們心理的弱點。

另一個原因，則是因為它也像任何高級的哲學那樣暢論「性命道德」，而不像最初的佛教「只是崇設像教」。職是之故，許多才智之士都紛紛皈依其門下，甚至「才愈高明，則陷溺愈深」❻。程子也承認佛學確能「窮深極微」，只是所見有偏罷了❼。

佛學既有這麼大的魅力，所以二程對它頗多顧忌，認為對它保持距離，乃是最安全的一個辦法。他們曾屢次勸告學生不要去接近它。如果想窮究其說，然後對它加以取捨，「則其說未能窮，固已化而為佛矣」。因此，他們告訴學生，如果想知道它可取不可取，也只能在它可以看得見的形跡上考察它，即從其「設教」，以其推斷其「心」。因為「有是心，則有是跡」，從形跡便可以推知思想。如果它的形跡與吾門之聖人契合，則它的思想便是吾門所固有，根本不需要採取它；如果不契合，則一定與吾門之道相違背，更不可以採取❽。而程子所謂的佛教的「設教」，則是指其絕倫類、出世、出家等。

二、佛教之缺失

佛學既是理學在思想上的勁敵，二程自有許多批評它的言論。

---

❺　同❶，第一，頁二。
❻　同❶，第二，上，頁八。
❼　同❶，第二四，頁三。
❽　同❶，第一五，頁一○。

這些批評，大抵集中在幾個比較重要的目標上。第一，是它的「人性觀」；第二，是它的「人生觀」；第三，是它的「修養論」。

先談第一點。

如前所述，二程認為宇宙本體是「理」；事物生成時，「理」也整個地具備於事物身上；具備在事物身上的「理」，便是該事物之「性」；而「理」乃是帶有道德色彩的（善的）；因此，事物之「性」中，本來便具有仁、義、禮、智、乃至孝悌忠信等德性。人既是萬物之一，「人性」之中，自亦具有仁、義、禮、智等德性。

但佛學對人性的看法，卻不是如此。

先不說「空宗」（因為「空宗」絕口不提宇宙本體），就以「有宗」來說，即使它承認宇宙有其本體，它也不以為這本體是帶有道德性的一個東西（依此宗，這本體是超乎善惡的），因此，在它看來，本體所表現而成的宇宙萬物，本性中也不具備任何固有的德性。「空宗」更認為一切事物都沒有「自性」，認為一切事物的「性」都是空幻的、虛妄的。這種看法，與理學的看法不啻南轅北轍，因此，很自然地招致他們的不滿。明道有一次甚至很不耐地說：佛家如果認為「性」是虛妄的、空幻的，因而是不好的，就請他另外找一個好的「性」來換卻這個不好的「性」吧❾！明道說：性就是道（理），道就是性；若道外尋性，性外尋道，就不對了。道既是好的，性自亦是好的。

他又對佛教逃脫「世網」的想法痛加撻伐。他說佛門弟子所謂的「世網」，就是指忠、孝、仁、義等世間的倫理；他們覺得這些東西像一張網子一樣網住他們，而想加以擺脫，因此，有所謂「世網」之說。但程子認為忠、孝、仁、義等都是人的天性，是根本消滅不

❾ 同❶，第一，頁一。

了的，猶如人之有耳、目、口、鼻，就必然會見色、聞聲、辨味，或如人之有喜、怒、哀、樂，乃是天性之自然。如果說一定要消滅這些東西，才能恢復天真，則其所謂的恢復天真，其實正是喪失天真❿。程子之所以發為這樣的批評，正是因為他對道德的看法與佛教不同——他認為道德根於人性，佛教卻不這麼認為。

程子所批評的次一個目標，則是佛學的「人生觀」。

人生觀，包括對人生的看法與態度，而後者實以前者為基礎。印度的佛教，大抵認為人生為空、為苦，是一個沒有價值而煩惱無窮的境地。因此，對它採取一種否定的態度，而求出離。佛教傳入中土以後，因為受到中國人熱愛生命、依戀人世的精神所影響，漸漸地也對人生採取了一種比較肯定的態度。但儘管如此，它還是始終沒有完全放棄「出世」與「出家」的主張。這對一向肯定人世並特別重視家國的儒家而言，乃是無法容忍的一件事情。因此，它對這方面的批評也特別嚴厲。

綜觀程子對這方面的批評，可以歸納出如下的幾個要點：

第一，程子認為人生不是空幻的。他批評佛教的「成、住、壞、空」之說道：「釋氏言成、住、壞、空，便是不知道。只有成、壞，無住、空。」⓫成、住、壞、空，指的是事物自有至無的歷程。佛家認為世間事物必然經歷成、住、壞、空這四大歷程，程子則認為事物只有成與壞兩個歷程，卻無住與空兩個歷程。他說：禪者看到草木鳥獸生息於春夏，到了秋冬便變壞，就以為其生是空幻的。而事實上，生死成壞都是「理」之表現，而「理」乃是真實的存有，絕不是空幻的。

---

❿　同❶，第二，上，頁八─九。

⓫　同❶，第一八，頁一〇。

第二，程子認為從「心性論」而言，對父母之孝、對兄長之悌、對君王之忠、對朋友之信等等，都是出於人性，因此，這些道德都是消滅不了的，父子、兄弟、君臣、朋友等等關係，也是斷絕不了的。從「本體論」而言，「道之外無物，物之外無道」，天地之間無適而非道，父子有父子對待之道，君臣有君臣對待之道，乃至夫婦、長幼、朋友，也都各有其對待之道，道是「不可須臾離者」，佛家「毀人倫，去四大」，必然於道有虧❷。

第三，從動機而言，程子認為佛家出家、出世，乃是不盡家庭與社會之責任與義務，是一種自私的行為。如果人人都遁入空門，人類終將絕滅，國家也無人去治理❸。至於求解脫生死，歸根結底，還是出於一種怕死的心理，也是自私心在作祟❹。儒門聖賢認為生死乃是本分之事，沒有什麼可怕，自然也就不為它苦惱了❺。因此，程子斷言《傳燈錄》上所載的一千七百多個佛門弟子中，沒有一個通達者；如果有一個人真正領會了聖人「朝聞道，夕死可矣」以及曾子臨死「易簀」之理，一定不肯削髮胡服而終❻。

第四，就實際而言，「出家」猶有可能，「出世」則絕無可能。「既道出世，除是不戴皇天，不履后土，始得。」❼但佛家卻又渴飲而饑食，戴天而履地。所以他又評論說：「禪家出世之說，如閉目不見鼻，然鼻自在。」❽

---

❷　同❶，第四，頁四。

❸　同❶，第二，上，頁八一九。

❹　同❶，第一五，頁七。

❺　同❹。

❻　同❶，第一，頁二；又第一五，頁九。

❼　同❶，第一八，頁一〇。

❽　同❶，第三，頁四。

　　第五，釋氏自己不履行君臣、父子、夫婦之道，卻又容許別人去履行。這是「以所賤所輕施於人」，不但不是聖人之心，也不可為君子之心。但他如果要求人人都和他一樣，則人類必將絕滅。可見他的行為原則，是不能普遍實行的⓳。

　　程子批評的另一個目標，是佛教之「修養論」。

　　他們所批評的，有幾項：

　　一、程子說：佛教認為必須達到「寂滅湛靜」的境地，才能體現道。但人到了這境地，已是形如槁木，心如死灰，簡直跟牆壁木石無異。那有做牆壁木石而謂之道的？他以為所貴的是「智周萬物而不遺」，而不是心如死灰；所貴的是「動容周旋中禮」，而不是形如槁木⓴。

　　二、佛教要求「去盡根塵」。程子說：這是因為釋氏念念不忘自己的身體而又奈何它不得，以致對它起了厭惡之心，才會有這樣的希求。如果他知道把自己的身體放在萬物之間，跟萬物一樣看待，不特別愛惜它，就不會有這些苦惱了！釋氏嘴裏儘管說要去盡根塵，其實是愛惜自己的身體而放不下。這是一種自私心理㉑。

　　三、佛教厭惡外物，要摒棄事物，不加聞問。程子說：這完全是不見道、不明理的表現。如果事物是依理應當有的，怎麼可以摒去？如果是依理不應當有的，它自然不會有，何待去摒除㉒？

　　四、學佛者多要忘是非。程子認為是非不可能忘卻，因為天地間自有許多道理存在，想忘也忘不了。世人之所以想忘去是非，是

⓳　同❶，第一五，頁五。

⓴　同❶，第二，上，頁一一。

㉑　同⓴，頁一五。

㉒　同❶，第一八，頁一〇。

因為被外物所役，覺得十分苦惱，所以想把事物連同它們的是非一併加以忘卻。但如果能夠「物各付物」，我們便可以成為事物的主宰，這時，一切的苦惱便都煙消雲散了❷❸。

　　五、佛家在見道之後，還要去找別人「印證」。程子說：見道而還需要別人「印證」，便表示見道未切；需要別人承認然後無疑，則表示沒有自信；如果真有自信，則什麼人的話，都不必聽❷❹。

　　六、程子又批評佛家「唯務上達而無下學」。他所謂的「上達」，指的是「識心見性」，而所謂的「下學」，則是指「存心養性」。依程子，佛家之修養工夫中，沒有「存心養性」一段事。而惟其缺了這段事，其上達處，也就一無是處❷❺。

　　七、明道又批評釋氏「內外之道不備」。其所謂的「內外之道」，是指「敬以直內，義以方外」而言。依明道，佛教只有「敬以直內」，卻無「義以方外」，故滯固者難免入於枯槁，疏通者則歸於肆恣。依程氏學說，「義以方外」，就是以義理來規範自己的行為之意，而其所謂的「義理」，則指君臣、父子、夫婦、兄弟、朋友等人倫之道。在這方面，佛教確是有所不足❷❻。

　　八、伊川在談到「於動上求靜」一問題時，也對佛家之言「定」表示不滿，而認為應該代之以言「止」。其所謂的「止」，則是如人君止於仁，人臣止於敬之「止」，即止於所當然之「止」。他認為我們只需求自己的所作所為止於所當然，便已足夠，無需求「定」。求「定」，是因為心裏不安寧，才需要求「定」；如果我們一切如理而

❷❸　同❶，第一九，頁一三。

❷❹　同❶，第一五，頁六。

❷❺　同❶，第一三，頁一。

❷❻　同❶，第四，頁四；第一一，頁二。

行，應該怎樣，便怎樣，自然理得而心安，何需求「定」❷⓻？

另外，還有一些零碎的批評。如伊川曾反駁佛教「理障」之說，道：佛教以為認識了理之後，如果固執此理，此理反而會成為見道之障礙。它之所以會這麼以為，實因為誤解了理的緣故。蓋天下只有一箇理，既已認識了此理，便已見道（道即理），還有什麼障礙之可言？這箇理原本具備在我們心上，如果以理為障，則是把自己跟理看成兩個東西了❷⓼！

程子又批評釋氏所見不全，如以管窺天，「惟見一偏，不見四旁」，所以都不能處事。儒門聖人，則「如在平野之中，四方莫不見」❷⓽。他又說學禪者平居高談「性命之際」，至於世事，則往往有全然不懂者❸⓪。這些批評，大概是針對學佛的人不關心「俗務」，因而不能齊家治國而發的。

程子也有就佛家之作風而發的批評。

如有人問伊川說：「某嘗讀《華嚴經》，第一真空絕相觀，第二事理無礙觀，第三事事無礙觀，譬如鏡燈之類，包含萬象，無有窮盡。此理如何？」伊川回答他說：佛家之所以說了這一大堆，只是喜歡鋪張。其實，一言以蔽之，其所說，不過是「萬理歸於一理」而已❸⓵。

程子又認為佛家常常鋪張誇大，大驚小怪，乃是因為他對大道「只是乍見，不似（儒門）聖人見慣」。「聖人之言，依本分；至大

---

❷⓻ 同❶，第一八，頁一五。

❷⓼ 同❷⓻，頁一一。

❷⓽ 同❶，第一三，頁一。

❸⓪ 同❶，第一八，頁一一。

❸⓵ 同❸⓪，頁一〇。

至妙之事，語之若平常；此所以味長。釋氏之說，才見得此，便驚天動地，言語走作，卻是味短。」❸

明道有幾句話，頗能概括以上之所言。他說佛家「自云窮神知化，而不足開物成務；言無不周徧，實則外於倫理；窮深極微，而不入堯舜之道」。

佛學既有諸多瑕疵，為什麼會有某些儒者竟然棄儒歸佛呢？

伊川說，那是因為他們「求道未有所得，思索既窮，乍見寬廣處，其心便安於此」❸。「譬之行一大道，坦然無阻，則更不由徑。只為前面逢著山，逢著水，行不得，有窒礙，則見一邪徑，欣然從之。」❸

二程對佛教的批評，有的是出於兩家世界觀與人生觀之不同（如事物是不是「空」〔無自性〕；宇宙本體是不是善；人性中是不是本來具有仁、義、禮、智；世間是有價值，還是無價值；根塵是不是可厭等等），有的則是出於誤會（如以為「寂滅湛靜」是形如槁木，心如死灰；以為佛教「唯務上達而無下學」）。出於世界觀與人生觀之不同的，涉及個人的信念，很難斷定孰是孰非。但出於誤會的，則我們可以斷言那一定是不中肯的批評。如佛教的戒、定、慧三學，即是它所以「上達」的「下學」。佛教徒修戒、修定、修慧，正是為了增長心靈之明覺，以「識心見性」。戒、定、慧之功能，正與程子的「敬」之功能相當，而程子之「敬」即是「存心養性」之工夫，怎麼可以說佛教沒有「下學」的工夫呢？再如「寂滅湛靜」乃是「涅槃」的另一個說法，而「涅槃」乃是「從煩惱解脫、從生死解脫」

❸　同❶，第一五，頁九。
❸　同❶，第一八，頁一一。
❸　同❶，第一五，頁一〇。

的狀態,跟「形如槁木,心如死灰」並不相干。程子以其為「槁木死灰」,可能是望文生義之結果。至於佛學之喜歡誇張鋪排,則跟印度人之民族性有關,並不是見道不切的關係。

第九章　二程思想之價值與影響

　　對二程思想的敘述與分析，到此告一段落。以下試著對他們的思想作一番簡單的檢討。檢討的重點有兩個：一是它的對錯；一是它的價值。

　　檢討的工作，也可以分為兩個步驟來進行：第一個步驟，是分別就他們的「本體論」、「心性論」、「修養論」、「社會政治思想」等一一加以檢討；第二個步驟，則是把他們的思想看作一套「成德之學」或道德哲學，而就它是否能夠有效解決「人與萬物溝通」這個基本問題而加以檢討。

　　現在先進行第一個步驟。

　　二程認為「理」乃是宇宙本體，而他們所謂的「理」，實兼含「實然之理」（事實原理）與「應然原理」（價值原理）在內。前者，如所謂的「火之所以熱、水之所以寒」之理、「五德之運」之理，這是如今的科學家所研討之理；後者如為子之理　（孝）、 為臣之理（忠）， 這是如今所謂的道德原理。 二程認為兼為這兩種原理的「理」是宇宙本體，至少有以下幾點困難：

　　第一，宇宙本體既是這樣的「理」，那麼，為什麼世上會有許多無理的現象和不道德的現象？二程固然以「理」之表現之太過或不及來說明這些現象，但這個說明實在不容易令人信服。因為無理和不道德的現象實在太多、太強大，它們的勢力經常遠遠超過合乎理與合乎道德的現象，使人們不禁要懷疑它們真的由來於「理」。而且「理」為何會表現得太過或不及呢？對這點，二程並沒有提出說明。

　　第二，忠、孝、節、義等道德原理，真的是宇宙本體之內容嗎？特別是二程所主張的那種對某些人非常偏袒的道德（如女人對男人

的片面的、絕對的貞節，臣子對君父的片面的、絕對的服從）。如果它們真的是宇宙本體之內容，宇宙本體怎麼能算是善的？

就「心性論」而言，二程之把仁、義、禮、智等德性視為本「性」之固有的內容，認為萬物一生成就已完全具有它們，人類且不待學習就能夠知曉它們。這個看法，也大有問題。

第一，萬物之本性中是否真的都具有它們呢？牛與犬的本性中也具有它們嗎❶？水與火之本性中也具有它們嗎？二程顯然把「實然之理」與「應然之理」混為一談。「實然之理」，是事實上呈現於客觀事物之理；「應然之理」，則只是人類主觀上的理想，它們只反映了人類內心的要求或愛好，在客觀事物上是未必存在的。仁、義、禮、智等，是「應然之理」，不是「實然之理」。現代思想家一般都相信仁、義、禮、智等道德原理，是人類所懷抱的理解，除了人類之外，不但水、火等無生物身上不具備它們，就是犬、牛等動物身上也不具備它們。

第二，仁、義、禮、智等是否一開始就已圓滿具備於人的天「性」中，也是一項值得懷疑的事情。根據人類學、社會學、心理學等知識，我們知道道德乃是一種歷史與文化的產物，它是在人類長久的現實生活中逐漸發展出來的，而且受到現實生活之制約。如果我們真要在人性中找尋它們的根源的話，頂多也只能說人性中具有它們的一點根苗。這根苗，要有後天的適當條件，才能發展而成現今看到的種種道德。這根苗，也許只是一種模模糊糊的「親和」傾向。這種心理傾向，原是可能指向一切對象，且是相互的，但在

---

❶　伊川與朱子就真的認為動物之本性中也具有仁、義、禮、智。如朱子曾說過：「烏知孝，獺知祭」。（《朱子語類》，卷四，頁二）牠們的知，自不是後天學習的結果；然則便只能是天性之流露了！

受到不同的文化之塑造以後，會發展演變成許多組互有出入，但基本上卻很類似的道德理想。仁、義、禮、智，不過是其中的一組罷了！這組理想，跟中國之特殊社會形態大有關係。這點，可以從孟子的一段話看出來：「仁之實，事親是也；義之實，從兄是也；智之實，知斯二者弗去是也；禮之實，節文斯二者是也。」 ❷ 這就是說「仁」的實質在事奉父母；「義」的實質在順從兄長；智則是知曉仁與義而不肯捨棄它們；禮是節制和文飾仁與義的行為。由此可見：仁、義、禮、智，雖為四項，但還是以對父母的服事與對兄長的遵從為主。這無疑跟中國傳統的特殊社會形態有密切關係。如眾所知，中國傳統社會乃是以「家族」為基本組織且特別強調男性家長之權威的一個社會。在這麼一個社會中，人類原有的一般性的「親和」傾向，在重點和方向上受到限定，而終於成為子弟對父兄的事奉和遵從──剛才說過，這傾向原是可能指向一切對象而且是相互的，但在受過中國傳統社會這後天的環境影響之後，竟把重點定在父兄與子弟的關係上，且在方向上成為一面倒地要求子弟為父兄而犧牲自己、委曲自己──如在一個部落社會，或個體主義盛行的社會，其結果就不是這樣。無論如何，仁、義、禮、智等，很不可能是如二程所說的先天德性，更不可能如他們所相信的一開始就已成熟而無需發展。即使在孟子，也只承認人性中具有仁、義、禮、智之「端」，而不認為四者在人性中已然完全成熟。

第三，既然仁、義、禮、智四者不是人性中現成的東西，人便不可能對它們有先天的知識──它們既不是本來就在我們的心性中，它們如何對我們呈現？

二程「心性論」的另一個弱點，是對罪惡的說明很不充分。理

❷　《孟子·離婁上》。

學既以道德實踐為其中心課題，照理應該對妨礙這種行為之實現的因素──罪惡──有十分深入的研究與認識才對。但事實上，二程對罪惡的體認卻出人意料之外的貧乏。他們除了把它視為「理性」之表現不足或過度之外，幾乎再無任何說明。但人類那麼多的惡行真的都是理性之不恰當的表現嗎？即使真的如此，這些不恰當的表現究竟是在什麼條件之下產生的呢？為什麼會產生呢？對於這一切，二程都沒談到。再說，所謂恰當不恰當的界限在那裏？有沒有客觀標準？寡婦再嫁就是「失節」，後宮佳麗三千人又如何呢？一簞食一瓢飲不用說是太嗇了，酒池肉林則又太奢，那麼，怎樣才算是恰到好處？一家佔有幾畝田才算是「天理」？佔有幾畝田就算是「人欲」？這個界限之所在，實際上並不是二程說得上來的。然則，他們所謂的「中」、所謂的「無過不及」，叫人如何實行呢？會不會叫人把某些「人情之常」的需要，都當作「人欲」而克服呢？相反的有沒有若干分明是「人欲」的現象，卻被當作「天理」而寬容呢？

由於把仁、義、禮、智等視為現成的、圓滿的存在，其「修養論」也就缺少了「灌輸」道德觀念與「發展」道德心性的想法──只有去「認知」已然存在的道德心性與「保持」已然存在的道德心性的想法──也就是說沒有想到道德觀念需要經過教育的歷程而灌輸到心中，也沒想到道德心性需要加以發展才會達到壯大成熟的地步。

不過，二程雖然沒有想到要灌輸道德觀念和發展道德心性，但他們所提倡的修養工夫，在實際上卻可以發生這兩種功能。譬如伊川主張的「窮理」，它既是廣泛地在各種具體事物上去認識「理」（「或讀書講明義理；或論古今人物，別其是非；或應事接物而處其當」），自可使人學習到種種道德觀念。而他們所提倡的「誠敬」、

「閑邪」等等，雖然本來的目的只在存養他們認為原已成熟的道德心性，但實際上卻也有幫助它發展的作用。

把二程的「本體論」、「心性論」和他們的「社會與政治思想」合起來看，可以看出他們顯然把當時流行的道德觀念（如忠、孝、貞節等）絕對化了，也就是把它們說成了「放諸四海而皆準，俟諸百世而不惑，質諸鬼神而無疑……」的普遍而必然的行為準則。因為依他們，這些道德觀念，無不是人「性」之內容，而人「性」即是宇宙本體，宇宙本體則是永恆的、不變的，這些道德觀念因此也是永恆不變的──絕對的。我們又已經知道：當時這些道德觀念都是非常偏袒某些人的，因此，把這些觀念絕對化，便有為這些人張目的作用。這些人是誰呢？這些人，正是當時那個社會之強者與支配者──在國家中，是君王；在家族中，是父兄；在男女關係中，是男人。

他們之所以要把這些道德觀念的根源歸於人類本性，乃至歸於宇宙本體，目的乃是要給予這些觀念一個令人信服的根據。其用意與摩西之把「十誡」說成上帝頒佈者並沒有什麼不同。這跟他們維護中國傳統社會與文化的心意是一貫的。問題是他們並不是真正從人性或宇宙本體中找出這些道德觀念，而是把當時既有的道德觀念硬栽在人性和宇宙本體中，作為它們的內容，然後再反過來以人性和宇宙本體作這些觀念之根源。

由此可知，他們不但是傳統社會與文化之衛士，而且是各種既有的制度與規範的維護者。無怪乎他們的學說後來經過朱子的發揚之後會成為官方的御用哲學，元明清三代考試取士會一直以程朱之學說作為經學之正解。他們的思想在維護社會秩序上固然有很大的貢獻，卻也是強者用以壓迫弱者的一項非常有力的工具。職是之故，

他們遂不免遭到後世學者十分嚴厲的批判。譬如戴東原就說：

> 程朱以理為如有物焉得於天而具於心，啟後世人人憑在己之
> 意見而執之曰理，以禍斯民……❸
> 既人人各自以心之意見當理，於是負其氣、挾其勢位、加以
> 口給者，理伸；力弱氣懾、口不能道辭者，理屈。❹

胡適更引申戴氏的意思說：

> 理與勢攜手時，勢力借理之名，行私利之實，理就成了勢力
> 的護身符。那些負屈含冤的幼者弱者就無處伸訴了！八百年
> 來，一個理字遂漸漸成了父母壓兒子、公婆壓媳婦、男子壓
> 女子、君主壓百姓的唯一武器，漸漸造成了一個不近人情、
> 沒有生氣的社會。❺

　　以上是分別就二程思想之「本體論」、「心性論」、「修養論」等
等而檢討其得失。從這番粗略的檢討，我們發現它們似乎含有不少
的缺失。但如前所述，二程學說主要是一套「成德之學」，其中心目
的乃在解決人與萬物溝通的問題。現在我們要問：二程的思想固然
有不少缺點，但作為一套「成德之學」，它的價值如何呢？對解決人
與萬物溝通的問題，它的效用如何呢？
　　從這個觀點來看，我們倒是可以對它給予相當的肯定。

---

❸　戴東原〈答彭允初書〉。
❹　《孟子字義疏證》，卷上，頁四。
❺　《戴東原的哲學》（商務）。

　　先就它解決問題的路徑來講，為解決人與萬物溝通這問題，它首先從事對宇宙萬物（包括人）之本質的探討，找出人與萬物在性質上的共同之點，然後在人自己身上找尋妨礙溝通的因素，最後再想出排除這些因素的可行辦法。它所採取的這條路徑，無疑地是一條很正確的路徑。道理很簡單：要溝通，一定要有共同的地方，才可能溝通；溝通發生困難，一定有障礙存在，這個障礙，可能存在於自己身上，也可能存在於對方身上，還可能既存在於自己身上又存在於對方身上，但惟有存在於自己身上的東西才是真正操之在我的，所以反求諸己，在自己身上找出這些障礙，並設法加以排除，乃是一條最可行之路。

　　就他們對世界與人類心性的認識而言，雖然作為一套「本體論」和「心性論」，它們可能有若干缺陷，但從解決人與萬物溝通這問題的觀點來看，這些認識已經相當夠用。因為就達成溝通這目標而言，宇宙是不是真的以「理」為本體，並不是頂重要，頂重要的是人與萬物有無共同的性質。只要人與萬物有共同的性質，它們之間的溝通便有達成的可能。二程的「本體論」與「心性論」雖然有若干困難，但它們至少已經十分明確地肯定了萬物與人類都有其「合理」的一面。而這點，則是與事實相符的。我們的確看到事物有一定的模式，遵循一定的規律，有秩序，有「條理」，可以「理解」，可以預測。我們更看到人類具有「理性」，不但能發現客觀世界的「實然之理」（包括「物理」、「生理」、「心理」、「數理」等等），更能參考所發現的「實然之理」，而為自己標舉人格之理想，制定行為之規範（「應然之理」），而鞭策自己去實現、去遵循它們，並且其行為規範可以跟客觀世界之規律（實然之理）相協調。就解決人與萬物之溝通的問題來講，能肯定這點，便已足夠！

他們的「修養論」，更為我們提出了達成人與人、人與萬物之溝通的具體方法——發揮我們固有仁、義、禮、智等。這個方法，只要我們把其中之仁、義、禮、智等作廣義的解釋（如把「仁」解釋作「愛心」，把「智」解釋作「智慧」，把「禮」解釋作「條理性」），就可以成為一個很有效的方法；不但是一個有效的方法，而且是至今我們所看到的最好的方法。因為如眾所知，「愛」是消除物我、人己之隔閡的最佳手段；「智慧」是了解自我與世界並找出自處與處世之道的唯一利器；「條理」乃是使萬物得以和諧的基本因素。因此，發揚我們本具的這些質素，乃是達成溝通的不二法門。更可貴的是他們還為大家設計了種種涵養愛心與智慧等的工夫，如「誠」、「敬」、「致知」等等。這些工夫，也都是很有實效的。

特別是他們最強調的「敬」。這不但是一項很有效的工夫，而且幾乎是最能代表中國人之基本精神的一個觀念。這個觀念，在周初便已出現，而且成為周代文化的一個最突出的特徵，以後更為原始儒家所緊緊把握。〈序論〉中已經提過，徐復觀先生在其名著《中國人性論史》說，周初文告幾乎沒有一篇沒有提到「敬」字的，周人的哲學幾乎可以用一個「敬」字來代表。這個觀念之出現，不但代表了中國人之道德意識的萌芽，更代表了古代活躍於黃河流域的一支人類之自我覺醒。〈序論〉中也說過，中國人的生活，在周代以前，也像其他原始民族一樣，完全以宗教為中心。宗教講究的是對神的「皈依」。即人把自己整個託付給神、一切聽憑神的安排。在這麼一種狀況之下，人以神的意志為意志，以神的好惡為好惡，依神的指引而行動；只見有神，不見有我，可以達到完全忘我的境地。在西周以前，中國人的情況差不多就是如此。但是到了周初，周人開始比較清楚地意識到自己的存在。他們發現人的吉凶禍福與自己

的行為有密切的關係；人可以左右自己的前途、影響自己的命運。因此，一方面滋生了對自己的信心，一方面也自覺到自己的責任。在這麼一個情況之下，才有了「敬」的觀念之出現。徐復觀在上述書中說，「敬」是一種「精神斂抑、集中，及對事的謹慎、認真的心理狀態」，又說它是「人在時時反省自己的行為、規整自己的行為的心理狀態」❻。這正是人在意識到自己的禍福繫於自己的所作所為，自己應該為自己的禍福負責時的心理狀態。而這種態度，實際上已經是很夠格的道德行為。因為它具備了道德行為必備的基本特徵——自我省察，自我約束，以求提昇自己的人格。所以前面說：「敬」的觀念之出現，代表了人類之自我覺醒，也代表了中國人的道德意識之萌芽。中國文化從西周以後，漸漸地從以往以宗教為中心的文化變為以道德為中心的文化，道德終於成為中國文化最突顯的一項要素。「敬」的觀念，正是這轉變的一個關鍵。它不但可以代表「周文」的繼承者儒家之特殊精神，而且可以代表全體中國人之基本精神。就其代表中國人的道德意識之萌芽而言，它固然在中國思想史上有它的重要性，就其代表人類之自我覺醒而言，它在人類文化史上也有它一定的地位。

　　「敬」這個觀念，在原始儒家之典籍中，不時可以看到它的影子，如「溫、良、恭、儉、讓」之「恭」，就是「敬」的另一種說法；「出門如見大賓，使民如承大祭」，指的也不外一種「敬」的態度。《易傳》中猶言：「敬以直內，義以方外。」但魏晉以後，隨著儒學之式微，它也逐漸被人淡忘了。甚至到了理學開山祖師周濂溪身上，都還看不到它復現的跡象——濂溪的「主靜」，仍然充滿了佛、老的意味。二程之重提「敬」字，乃是「修養論」在數百年來

---

❻　《中國人性論史》（商務），頁二二。

首度向原始儒家乃至傳統中國精神之回歸。其意義不可謂不重大。
對這點，吳草廬有一則很中肯的評述：

> 夫修己以敬，吾聖門之教也。然自孟子之後失其傳，至程子
> 乃復得之，遂以敬之一字為聖傳心印。程子初年受學於周子，
> 周子之學主靜，而程子易之以敬，蓋敬則能主靜矣。❼

二程先後講學數十年，門下弟子眾多。其中如劉絢、李籲、謝
良佐、楊時、游酢、呂大忠、呂大鈞、呂大臨等，都是他們兩兄弟
的共同弟子。謝良佐與楊時，尤為程門龍象。二程之學，透過這些
學生的媒介，先後傳入秦、蜀、楚、吳、浙、閩等地，終於成為世
間顯學。至於其學脈之承續，則有謝良佐（上蔡）所開的湖湘一系，
與楊時（龜山）所開的閩中一系。湖湘一系，由謝良佐傳於胡安國
（文定），又由胡安國傳於其子胡宏（五峯）。胡宏著有《知言》一
書，頗能承北宋前三家之規範而繼續開發。閩中一系，則由楊時傳
於羅從彥（豫章），又由羅從彥傳於李侗（延平）。集理學之大成的
朱熹，即出於李侗之門。

朱子修正與引申伊川思想，把它推衍至理論的極致，使理學臻
於圓滿成熟的境地。元朝皇慶二年（西元 1313 年），皇帝詔命文官
考試皆自朱子所定四書（《大學》、《中庸》、《論語》、《孟子》）出題，
詮釋亦以朱子《四書章句集註》為主。從此，程朱之學，成為欽定
的官學，歷元、明、清三朝而不變。明朝永樂十三年朝廷復編成《性
理大全》一書，作為思想之總匯，而該書之內容即以朱學為核心，
而為以後中國思想之源泉。清朝康熙五十四年（西元 1715 年），更

---

❼　見《宋元學案・伊川學案》。

擷取《性理大全》之精華，編刊了《性理精義》一書，所謂「精義」，即理學之精義，亦即朱學之精義。朱子之學，地位之顯赫，於此可見。從元初至清末，朱子的理學，支配我國之思想，達五六百年之久，亦操縱朝鮮與日本之思潮，達數世紀之久。其影響之深遠，不難想見。但朱子之思想，不過是程子（尤其是伊川）思想之發揚。

　　以下且就幾個方面來看看朱學與程學的關係。

　　先就「本體論」來看。

　　前文說過，二程認為「理」是宇宙本體，是萬物之所以然，而「理」只有一個，但萬物卻都完具此「理」。這些看法，都為朱子所承襲。朱子所做的，只是把它們略加修正，或以新的方式加以表達。

　　第一，他把「理之全體」稱為「太極」，並對個體與「理之全體」的關係做了更清楚的說明。譬如他說：

　　　　總天地萬物之理，便是太極。❽
　　　　太極是五行陰陽之理皆有，不是空的物事。❾

　　「五行」與「陰陽」都是「氣」，都是形而下的東西。「太極」之中，則具備了它們之「理」。以上表示「太極」是眾事物之「理」的總和。

　　至於個體與「理之全體」（太極）的關係，他說：

　　　　人人有一太極，物物有一太極。❿

---

❽　《朱子語類》，卷九四，頁一一。
❾　同❽，頁二。
❿　同❽，頁七。

> 太極只是天地萬物之理。在天地言，則天地中有太極；在萬
> 物言，則萬物中各有太極。⓫

關於個體與「太極」的關係，朱子有一個比喻的說法。

> 問〈理性命章〉註云：「自其本而至末，則一理之實而萬物分
> 之以為體，故萬物各有一太極。」如此，則是太極有分裂乎？
> 曰：本只是一太極，而萬物各有稟受，又自各全具一太極耳。
> 如月在天，只一而已。及散在江湖，則隨處而見，不可謂月
> 已分也。⓬

〈理性命章〉是周濂溪《通書》中的一章，朱子曾加註釋。現
在門人所問的就是朱註的語意。朱註說「一理之實而萬物分之以為
體」，所以門人懷疑這一來太極恐怕要分裂成許多片段，朱子則回答
他說：並不是太極有分裂，而是個體各以太極之全體為其本體。其
情況就如一個月亮同時映現於地面一切江湖之上那樣。

第二，更嚴格劃分形上與形下二界。我們在講二程思想的時候，
已經看到二程曾對形上形下加以區分，如說：

> 離了陰陽更無道。所以陰陽者，是道也；陰陽，氣也。氣是
> 形而下者，道是形而上者；形而上者，則是密也。

不過，二程仍有「理」生生不已的說法。這就有把「理」看成

⓫　同⓼，卷一，頁一。
⓬　同⓼，卷九四，頁四一。

現象界事物的嫌疑了，因為「生」乃是有形質的東西（即現象界的事物）之動作，不是屬於形上界的「理」所當有。也就是因為這樣，所以二程關於「理」的學說曾經發生了若干困難。這點，在前面有關的地方，已經指出過。但也就是因為這樣，所以朱子在他自己的學說中，特別嚴格維持這兩界的界限，不但把一切形相、聲臭都撥歸形下界，而且把動、靜、生、滅等現象也都歸於現象界，使得「理」純粹成為一個「無情意、無計度、無造作」的東西。這自是思想上的一個進步，其重要性不容忽視。

「理」有沒有動靜的問題是周濂溪的《太極圖說》引出來的。周子的《太極圖說》曰：「太極動而生陽；動極而靜，靜而生陰。」朱子把「太極」訓為「理之全體」。朱子門人因而問朱子說：「太極圖曰：『太極動而生陽；動極而靜，而靜生陰。』太極，理也。理如何動靜？有形則有動靜；太極無形，恐不可以動靜言。」朱子答道：「理有動靜，故氣有動靜。若理無動靜，則氣何自而有動靜？」⓭

「理有動靜」，並不是說「理」可以動、可以靜，而是指有動之「理」與靜之「理」而言。這點從另一則語錄可以看得更清楚：

> 有這動之理，便能動而生陽；有這靜之理，便能靜而生陰。既動，則理又在動之中；既靜，則理又在靜之中。問：動靜是氣也。有此理為氣之主，氣便能如此否？曰：是也。⓮

「動靜是氣也」，可見動靜已經是屬於形而下界的現象。太極中則只是有動之「理」與靜之「理」。動之「理」使動成為形下界的事

⓭　〈答鄭子上〉，《朱子文集》，卷五六，頁三六。
⓮　《朱子語類》，卷九四，頁九。

實，靜之「理」使靜成為形下界的事實。太極本身是不動不靜的。
所以朱子說：

> ……氣則能凝結造作；理卻無情意、無計度、無造作。……
> 若理則只是個淨潔空闊的世界，無形跡，他卻不會造作。氣
> 則能醞釀凝聚生物也。❺

如此，形上形下的差別就益加清楚了！

就「心性論」來看。

朱子也全盤繼承了二程之「心性觀」，特別是伊川的「心性觀」，
只是在某些地方略加修正。

前文說過，二程認為具於個體身上的「理」，便是他的「性」；
「性」包括仁、義、禮、智、信五者；「性」本善；「性」之表現或
發動，便是「情」；「情」之過度者，便是「欲」。這些，都為朱子所
接收。又說：伊川在較早的時候，曾傾向於把「心」等同於「性」，
但有時也覺察到「心」與「性」之不同，因此，後來終於有了「心」
如種子，「性」如種子所具的「生生」之德，「情」則為種子所發之
芽（「生生」之德之表現）這個說法。朱子關於「心」、「性」、「情」
的說法，也只是伊川最後這個說法之修訂版。

事實上，朱子對心性的看法，也跟伊川一樣，曾經經歷了一番
演變。

在較早的年月，他認為「心」有體用之分。心之體，便是性；
心之用，便是情。譬如他說：

---

❺ 同❹，卷一，頁三。

> 橫渠「心統性情」之說大有功。孟子言「惻隱之心，仁之端
> 也。」仁，性也；惻隱，則情也；性是體，情是用。

又說：

> 心者兼體用而言。程子曰：仁是性，惻隱是情。若孟子便只
> 說心。程子是分別體用而言，孟子是兼體用而言。

心之體是性，心之用是情。所以程子說仁是性、惻隱是情，是分別體用而言；孟子只說心，則是兼體用而言。

但中年以後，他卻把「心」整個看作形而下的事物。心之用，固然是形而下的事物，心之體，也是形而下的事物。心之用是「情」，心之體雖具有「性」，但心之體本身並不就是「性」（「性」是形而上的東西，它只是附託在心之體上）。

他在〈已發未發說〉一文論《中庸》之「已發」與「未發」說：

> ……右，據此諸說，皆以思慮未萌、事物未至之時，為喜怒
> 哀樂之未發。當此之時，即是心體流行、寂然不動之處，而
> 天命之性，體段具焉。以其無過不及，故謂之中。然已是就
> 心體流行處見，故直謂之性則不可。

這就是說「思慮未萌，事物未至」時，心的作用（心用）還沒有生起，只有「心體」寂然不動地存在著，這就是所謂的「未發」。這時「性」已完完全全地具備於「心體」上。這時的「心體」由於沒有過與不及，所以被稱為「中」。但這「中」是就「心體」而言

的，並不是就「性」而言的。所以不可以說「中」是指「性」。

由此可見，在這時的朱子眼中，「性」與「心之體」已是不同的兩回事。

他在語錄中，曾打一個比方：「心」好像是水，「性」好像是水之理，「情」好像是水之流，「欲」則是水流之至於濫者。

> 心，譬如水也。性，水之理也。性所以立乎水之流，情所以行乎水之動，欲則水之流而至於濫者也。

如此說來，「心」便是現象界的一個具體事物，「情」是這個事物的種種活動，「性」則只是規定這事物應如何如何活動的「形式」或「規範」而已——這些「形式」或「規範」是這事物本來便具有的。「欲」卻是逾越了這些「形式」或「規範」的活動。

朱子中年以後之否定「性」即心體，是他嚴格劃分形上形下兩界的態度之延伸。因為既然把一切動靜變化都劃歸形下界，即不當再如伊川那樣說「情」是「性」之「動」或由「性」所「生」。另一方面，能生出「情」或動而成為「情」的「心體」就非被視為形而下的事物不可了！

朱子這說法，是以伊川之說法為藍本而略加修正。

此外，朱子也與程子一樣認為「心」能認知具於其上的「理」；「心」能根據它所認知的「理」來規整我們的行為；更同樣主張兼從種種外界具體事物上去認取「理」。這種種，都表明了朱學之一脈相承，也表明了程學對後世的深遠影響。

主要參考書目

1. 《宋史》，方豪著，臺北中華文化出版事業委員出版，民國 43 年。

2. 《中國哲學史》，馮友蘭著，香港太平洋圖書公司出版，民國 45 年初版。

3. 《重編宋元學案》，黃梨洲著，臺北正中書局出版，民國 57 年臺三版。

4. 《二程全書》，程顥、程頤著，臺北中華書局出版，民國 58 年臺二版。

5. 《周子通書》，周敦頤著，臺北中華書局出版，民國 58 年臺二版。

6. 《張子全書》，張載著，臺北中華書局出版，民國 58 年臺二版。

7. 《皇極經世書》，邵雍著，臺北中華書局出版，民國 58 年臺二版。

8. 《象山全集》，陸九淵著，臺北中華書局出版，民國 58 年臺二版。

9. 《宋史》卷 427〈列傳〉，臺北中華書局出版，民國 58 年臺二版。

10. 《心體與性體》，牟宗三著，臺北正中書局出版，民國 58 年臺初版。

11. 《中國人性論史》，徐復觀著，臺北商務印書館出版，民國 58 年初版。

12. 《周秦漢政治社會結構之研究》，徐復觀著，香港新亞研究所出版，民國 61 年初版。

13. 《中共批孔資料選集》，臺北中共研究雜誌社出版，民國 63 年初版。

14. 《中國哲學思想論集》，項維新、劉福增主編，臺北牧童出版社出版，民國 65 年初版。

15. 《中國歷代思想家》，王壽南主編，臺北商務印書館出版，民國 68 年二版。

16. 《宋明理學》，蔡仁厚著，臺北學生書局出版，民國 71 年修訂三版。

17. 《朱學論集》，陳榮捷著，臺北學生書局出版，民國 71 年初版。

18. 《心理分析與宗教》，佛洛姆著、林錦譯。

19. 《戴東原的哲學》，胡適著，臺北商務印書館出版。

20. 《程明道思想研究》，張德麟著，臺北學生書局，民國 75 年初版。

21. 《朱子哲學思想的發展與完成》，劉述先著，臺北學生書局，民國 73 年增訂再版。

明道先生年表

宋仁宗明道元年 (1032)，一歲。

仁宗慶曆元年 (1041)，十歲。能為詩賦。

仁宗慶曆四年 (1044)，十三歲。在庠序中，舉止老成，戶部侍郎彭思永偶在學舍見而異之，許妻以女。

仁宗慶曆七年 (1047)，十六歲。與伊川就學於周濂溪。周每令尋孔顏樂處，激發其求道之志。

仁宗皇祐四年 (1052)，二十一歲。母親侯氏去世。

仁宗嘉祐二年 (1057)，二十六歲。舉進士第，除鄠縣主簿。

仁宗嘉祐三－五年 (1058-1060)，二十七－二十九歲。官鄠縣。

仁宗嘉祐六年 (1061)，三十歲。調上元主簿。

仁宗嘉祐七年－英宗治平二年 (1062-1065)，三十一－三十四歲。在上元。

英宗治平三年 (1066)，三十五歲。移澤州晉城令。

英宗治平四年－神宗熙寧元年 (1067-1068)，三十六－三十七歲。令晉城。

神宗熙寧二年 (1069)，三十八歲。御史中丞呂公著薦為太子中允，權監察御史裏行。屢召對。神宗嘗使推擇人才，先生所薦者數十人，而以父表弟張載與弟程頤為首。王安石行新政，先生數月間上疏數十回，表示意見。言既不行，懇求外補。有〈上殿劄子〉。有〈請修學校尊師儒取士劄子〉。有〈論十事劄子〉。又〈論王霸劄子〉。

神宗熙寧三年 (1070)，三十九歲。為監察御史裏行。有〈諫新法疏〉。再上疏。罷為權發遣京西路提點刑獄。先生力辭。

神宗熙寧四年 (1071)，四十歲。改差簽諸鎮寧軍判官事。

神宗熙寧五年 (1072)，四十一歲。程父太中公告老而歸。先生求監局，以便親養，得罷歸。

神宗熙寧六年 (1073)，四十二歲。歸洛歲餘，得監西京洛河竹木務。薦者言其未嘗敘年勞，丐遷秩，特改太常丞。

神宗熙寧七年 (1074)，四十三歲。居洛。

神宗熙寧八年 (1075)，四十四歲。上欲召使修三經義。執政不可，既而手批與
　府界知縣，差知扶溝縣事。

神宗熙寧九年－元豐元年 (1076–1078)，四十五－四十七歲。知扶溝。

神宗元豐二年 (1079)，四十八歲。詔以先生同判武學。李定劾先生為御史沮論
　新法，罷復舊任。

神宗元豐三年 (1080)，四十九歲。知扶溝。官制改，除奉議郎。

神宗元豐四－五年 (1081–1082)，五十一五十一歲。知扶溝。

神宗元豐五年 (1082)，五十一歲。得監汝州酒稅。

神宗元豐六－七年 (1083–1084)，五十二－五十三歲。在汝州。

神宗元豐八年 (1085)，五十四歲。召為宗正寺丞。未行，以疾卒。

〔註〕本年表，是根據清人楊希閔所撰《宋程純公年譜》寫成。

伊川先生年表

宋仁宗明道二年 (1033)，一歲。出生。

仁宗慶曆七年 (1047)，十五歲。與明道就學於周濂溪。

仁宗皇祐二年 (1050)，十八歲。上書勸仁宗黜世俗之論，以王道為心。入太學，作〈顏子所好何學論〉。受學職。

英宗治平年間，神宗熙寧年間 (1064–1077)，三十二一四十五歲。近臣屢薦，自以為學不足，不願出仕。

神宗元豐八年 (1085)，五十三歲。明道卒。哲宗嗣位，司馬光、呂公著共同推薦，十一月，授汝州團練推官，西京國子監教授，先生再辭不受。召入京。

哲宗元祐元年 (1086)，五十四歲。三月，至京師，除宣德郎，秘書省校書郎，先生固辭。詔命以通直郎充崇政殿說書，再辭而後受命。上疏論輔養幼主之道。建議改於崇正殿與延和殿講讀；令講官坐講。

哲宗元祐二年 (1087)，五十五歲。定時赴經筵進講，盡心輔導幼主。與蘇軾不合，洛蜀兩黨對立。諫議大夫上奏，詆為「五鬼之魁」。八月，授管勾西京國子監，既就職，再上奏乞歸田里，不報。

哲宗元祐三年 (1088)，五十六歲。又請，復不報。乞致仕，至再，又不報。

哲宗元祐五年 (1090)，五十八歲。正月，丁程父太中公憂，去職。

哲宗元祐七年 (1092)，六十歲。服除。授直秘閣，判西京國子監。再辭不受，極論儒者進退之道。御史奏以為有怨望輕燥之語。五月，改授管勾崇福宮，因病未就職。

哲宗元祐九年 (1094)，六十二歲。哲宗親政，重申直秘閣西監之命。再辭不受。

哲宗紹聖二年 (1095)，六十三歲。以黨論放歸田里。

哲宗紹聖四年 (1097)，六十五歲。送涪州編管。

哲宗元符二年 (1099)，六十七歲。完成《易傳》。

哲宗元符三年 (1100)，六十八歲。徽宗即位。四月，獲赦，復宣德郎，回洛陽。十月，復通直郎，權判西京國子監。

徽宗崇寧二年 (1103)，七十一歲。被誣以邪說詖行，惑亂眾聽，所有著作遭查
　禁。遷居龍門之南。

徽宗崇寧五年 (1106)，七十四歲。復宣德郎。致仕。

徽宗大觀元年 (1107)，七十五歲。病歿於家。

索　引

老子——年代新考與思想新詮

劉笑敢 著

本書以概念的深層剖析和體系的有機重構為主要方法，探討老子哲學的本來面目與現代意義。作者認為老子哲學體系是以自然為中心價值，以無為為實現中心價值的原則性方法，以辯證法和道分別為自然和無為提供經驗性和超越性的論證。針對《老子》晚於《莊子》的觀點，書中從韻式、合韻、修辭、句式等方面詳細比較，為確定《老子》的年代提出了新的論證。

僧肇

李潤生 著

本書共分五章。第一、二章處理與僧肇的生平及著作有關的各種疑難。第三章交待僧肇的政治及思想背景。第四章是全書的重心所在，依僧肇所著的〈般若無知論〉、〈不真空論〉、〈物不遷論〉及〈涅槃無名論〉，分析僧肇的學術思想，使讀者一方面可以理解《肇論》諸篇的內容與結構，一方面可以明瞭僧肇如何糾正「六家七宗」的失誤。第五章為全書的總結，在文化層面上給予僧肇一個合理的評價。

王陽明——中國十六世紀的唯心主義哲學家
張君勱 著；江日新 譯

張君勱是同唐君毅、徐復觀及牟宗三諸先生共倡「當代新儒學」的代表人物。為尋繹中國走向民主政治的問題及方法，張君勱的思想研究是一個重要的可能取徑。王陽明哲學的重新認取和發揮，則是了解張君勱思想的一個關鍵。本書是張氏全面論述陽明哲學的專著，內容深入淺出，能幫助讀者把握張氏在此方面的真正意圖及洞見，是研究張氏思想與陽明心學的重要著作。

宗密
冉雲華 著

本書是第一本研究宗密思想的中文專著。宗密幼習儒籍，後入禪門，身兼禪、教兩家之長，世稱定慧禪師、華嚴五祖。這位博學多聞、精思勤著的哲人，對中國、高麗、日本的佛教，及宋明新儒家思想的形成，皆有影響或衝擊，並為世界學苑所重視。書中以唐宋典籍、敦煌卷子為基礎，參考現代各國的研究成果，寫成此一全面性的專書。

莊子

吳光明　著

本書分為十章。前五章闡明莊子掀起的方法論上的革新，後五章則曉示莊書開宗明義的重心兩篇——〈逍遙遊〉及〈齊物論〉。莊子以為人生諸般的奮努刻苦皆可謂為「遊」，即神話故事及論議思惟的互照互涉，互戲互諧。這種論法是詩意性的、活命性的、錯畫性的，又是故事性與哲理性的。本書以「人蝶互夢」、「夢晤路髑」等具體故事喻明此理，又與孔子、孟子、老子，及蘇格拉底、魯克雷雕斯等東西賢哲對話，而襯出莊子又玄奧又現實的特殊意境。

墨子

王讚源　著

首章闡述墨子的生平與人格，以及《墨子》書的重要性。接著說明墨子的宇宙觀、知識論、方法論，其觀點近似西洋哲學家，亦有更勝前人之處。其名實原理已及語意學和語言哲學，與現代英國牛津學派的理論相吻合。五至九章探討墨子的治國理論。十章將貴義、兼愛與企業管理思想作結合，並詮釋墨子的現代意義。本書提出許多獨到的見解，發人深思，期能使讀者了解墨子的時代意義，及其不朽的精神。

竺道生

陳沛然　著

「人人皆可成佛」乃中國大乘佛學共許之前題；「頓悟成佛」則是中國佛學之特色。而第一位中國法師提出此二創見者，便是晉宋時代的竺道生，竺道生獨具哲思，洞悉大乘佛教之妙法，所倡之見解，足足影響中國佛學之討論達二、三百年之久，可見其學術地位之重要，更被後世推為「涅槃聖」。對於研究中國大乘佛學及哲學者，竺道生之佛性論是不可不知的重要環節。

三民網路書店　會員

獨享好康大放送

書種最齊全
服務最迅速

超過百萬種繁、簡體書、原文書5折起

通關密碼：A1819

憑通關密碼
登入就送100元e-coupon。
(使用方式請參閱三民網路書店之公告)

生日快樂
生日當月送購書禮金200元。
(使用方式請參閱三民網路書店之公告)

好康多多
購書享3%～6%紅利積點。
消費滿350元超商取書免運費。
電子報通知優惠及新書訊息。

三民網路書店 www.sanmin.com.tw

國家圖書館出版品預行編目資料

程顥・程頤／李日章著.－－二版一刷.－－臺北市：
東大，2022
面；　公分.－－（世界哲學家叢書）

ISBN 978-957-19-3301-6（平裝）
1. (宋)程顥 2. (宋)程頤 3. 學術思想 4. 理學

125.2   110022818

世界哲學家叢書

程顥・程頤

作　　　者	李日章
發 行 人	劉仲傑
出 版 者	東大圖書股份有限公司
地　　　址	臺北市復興北路 386 號 (復北門市)
	臺北市重慶南路一段 61 號 (重南門市)
電　　　話	(02)25006600
網　　　址	三民網路書店 https://www.sanmin.com.tw
出版日期	初版一刷 1986 年 10 月
	初版二刷 2001 年 3 月
	二版一刷 2022 年 6 月
書籍編號	E120240
I S B N	978-957-19-3301-6

著作權所有，侵害必究
※ 本書如有缺頁、破損或裝訂錯誤，請寄回敝局更換。

東大圖書公司